Volkmar E. Janicke

WELT-BILDER

Einmal um die Erde und vom Nordpol bis zur Antarktis

1959 bis 2018

Volkmar E. Janicke

WELT-BILDER

Einmal um die Erde und vom Nordpol bis zur Antarktis

1959 bis 2018

Herausgeber: Eckhardt Kiwitt

1. Auflage 2025

Impressum

Volkmar E. Janicke
WELT-BILDER
Einmal um die Erde und vom Nordpol bis zur Antarktis, 1959 bis 2018

© 2025, Eckhardt Kiwitt, 85356 Freising (Herausgeber)
    Mitwirkende: Volkmar E. Janicke, München
                           Alle Fotos © Volkmar E. Janicke
                           Texte: Eckhardt Kiwitt, Volkmar E. Janicke
                           Konzeption und Layout: Eckhardt Kiwitt
                           Coverbild (Weltkarte): Westliche und Östliche Halbkugel,
                           Andrees Handatlas, Verlag von Velhagen und Klasing, Zweite Auflage 1887

ISBN: 978-3-8192-2559-8

Verlag: BoD · Books on Demand GmbH, Überseering 33, 22297 Hamburg, bod@bod.de
Druck: Libri Plureos GmbH, Friedensallee 273, 22763 Hamburg

Bibliografische Information der Deutschen Nationalbibliothek:
Die Deutsche Nationalbibliothek verzeichnet diese Publikation in der Deutschen Nationalbibliografie;
detaillierte bibliografische Daten sind im Internet über *http://dnb.dnb.de* abrufbar.

Die automatisierte Analyse des Werkes, um daraus Informationen insbesondere über Muster, Trends und
Korrelationen gemäß §44b UrhG („Text und Data Mining") zu gewinnen, ist untersagt.

[●]
MMXXV-III-XIX

Inhaltsverzeichnis

Vorspann

Erste Fahrten 1959 und 1960 15

   Nordkap-Reise 1959 15

   Afrika-Erkundung 1960 16

Erste Weltreise 1962-1964 19

   Aus dem Reisetagebuch der Weltreise 1962-1964 20

   Impressionen der Weltreise 1962-1964 22

Portraits der Kontinente — 1966 bis 2018

   Europa 27

   Asien 47

   Afrika 79

   Australien / Ozeanien 101

   Amerika 119

   Polargebiete 149

Tiere und Pflanzen 158

Tabellarische Ergänzungen

Länder- und Gebietsliste der Fotoreisen 160

Länderliste der Weltreise 1962-1964 162

Länderliste der Erstreisen (chronologisch) 163

Weltkarte (Andrees Handatlas von 1887) 165

Index 166

Bulgarien, Nesebar, Dudelsackspieler; 2001

Japan, Kyoto, Kinkaku-ji (Goldener-Pavillon-Tempel); 2003

Mali, Nara, Portrait eines Mannes in Volkstracht; 1997

Australien, South Australia, Flinders Range National Park, Wasserstelle und Eukalyptus; 1991

Samoa, Upolu, Apia, junge Frau in Volkstracht (Folklore); 1995

USA, California, Bodie, Ghost Town; 1990

Bolivien, Tarija, Plaza de Fuentes, Karneval; 2006

Antarktis, South Shetland, Deception Island, Steilküste und Eisschollen; 2010

WELT-BILDER

Mazapil, Mexiko 1963, Kinder interessieren sich für die Kamera des Fotografen und lassen sich deren Geheimnisse (auf Spanisch) erklären — auch, um die Angst vor diesem wundersamen Gerät zu verlieren.

Nordkap-Reise 1959

VORSPANN

Nordkap-Reise 1959

Im Jahr 1959 unternahm Volkmar Janicke eine erste Reise, von München zum Nordkap in Norwegen—auf einem Motorroller. Von dieser teils abenteuerlichen Fahrt, die nicht immer über asphaltierte Straßen führte, sind nur wenige Bilder erhalten, da seine Kamera samt Film in Norwegen verlorengegangen war. Nur von den Bildern, die am Polarkreis und auf dem Weg dorthin aufgenommen wurden, sind einige geblieben.

Mit dem Motorroller auf die Fähre

Diensthütte am Polarkreis (Polarcirkel) in Norwegen

Polarkreis-Monument von 1937, wie es auch heute noch dort steht. Asphaltierte Straßen gab es 1959 im hohen Norden Norwegens noch nicht, und die gesamte Umgebung hat sich seit der Errichtung des Polarsirkelsenteret (Polarkreis-Center) im Jahr 1990 sehr verändert

Am Nordkap, dem (fast) nördlichsten Punkt des europäischen Festlands. Blick von Südwesten auf die Aussichtsplattform auf dem Nordkap-Plateau und die im Jahr 1978 errichtete Globus-Skulptur; Aufnahme von einer Reise im Jahr 1990

WELT-BILDER

Afrika-Erkundung 1960

"Mitfahrer nach Abessinien gesucht": dieser Aushang eines Studenten in der Uni war Auslöser für eine Afrika-Erkundung im Jahr 1960—gewissermaßen eine Testfahrt für die Weltreise der Jahre 1962-1964 (s.S. 19)—, die, zu dritt in einem VW-Käfer, über Ägypten und den Sudan bis nach Äthiopien, Kenia und Uganda führte. Dazu einige ausgewählte fotografische Impressionen.

Dem Vorschlag eines äthiopischen Polizisten vor Ort, den damaligen Kaiser Haile Selassi, den Ras Tafari, so sein Herrschertitel (von dem eine jamaikanische polit-religiöse Sekte und Musiker ihre Eigenbezeichnung Rastafari ableiten), zu besuchen, wollten die drei Reisenden nicht folgen, da sie sich nach langer Fahrt in einem unansehnlichen Zustand fühlten.

Sudan, Schilluk-Dorf bei Malakal am Weißen Nil

Sudan, bei Kassala an der Grenze zu Eritrea

Sudan, Kassala

Sudan, unterwegs bei Kassala

Sudan, Schilluk-Frau bei Malakal

Sudan, verendetes Rind in der Nubischen Wüste

Afrika-Erkundung 1960

Sudan, Hütten bei Malakal

Sudan, Versammlung in Kassala

Eritrea, Camping bei Asmara

Äthiopien, Awasa-See im Rift Valley

Äthiopien, Gudji Gala, Volksgruppe Oromo

Äthiopien, Kinder bestaunen das Auto aus einem fremden Land

Äthiopien, Arussi-Gräber (Provinz Arsi) mit Grabsteinen

Uganda, Schule für Kinder armer Eltern, bei Gulu

WELT-BILDER

Äthiopien, mit dem VW-Käfer über eine Brücke aus Baumstämmen

Sudan, Dinka (Volk)

Kenia, am Äquator in Nanyuki nahe dem Mount Kenya

Einführung

Erste Weltreise

Im Jahr 1962 fassten Volkmar Janicke und zwei Studienkollegen den Entschluss, von München nach Calcutta (Kolkata) in Indien zu reisen – mit dem Auto, einem VW-Bus. Es ging zunächst über Österreich, den Balkan und die Türkei nach Persien (Iran), und von dort über Afghanistan und Pakistan nach Indien, mit einem Abstecher nach Nepal. Einmal dort angekommen, wurde aus der Reise eine Erdumrundung von West nach Ost, über Südost-Asien, Australien, den Pazifik und Mittelamerika zurück nach München.

Reiseroute 1962-1964
Kartengrundlage: Physical World Map; Robinson projection
CIA World Factbook, 2010 (Wikimedia.org); Public Domain

In den Folgejahren hat Volkmar Janicke als Geologe und als Fotograf fast alle Länder und Regionen sowie alle Kontinente der Erde bereist — vom Nordpol bis zur Antarktis.

Aus Volkmar Janickes Bildarchiv von über 100.000 Fotos (Kleinbild-Dias aus der Anfangszeit und ganz überwiegend 6×6-Format) und dem ausführlichen Reisetagebuch der Jahre 1962-1964 ist dieses Buch entstanden, in dem ich teilweise darauf verzichte, die sattsam bekannten touristischen Highlights und Sehenswürdigkeiten der Länder wiederzugeben. Stattdessen stelle ich auch weniger bekannte Seiten dar, die den Alltag und den typischen Charakter eines Landes m.E. besser widerspiegeln als es ein paar ausgesuchte Objekte wie spektakuläre Bauwerke oder Landschaften vermögen.

Einige wenige Länder hat Volkmar Janicke, auf dessen Bildarchiv ich ausschließlich zurückgegriffen habe, während seiner Reisen nur gestreift.

WELT-BILDER

Die Anfänge — Aus dem Reisetagebuch 1962 bis 1964

BEGINN DER REISE

Nur die Straß'n werden halt ein biss'l enger ...

Am Vormittag [des 25. Juli 1962] wurden die letzten Wege erledigt; unser VW bekam in einer VW-Werkstatt noch eine neue Spurstange eingebaut. Vom *Bahlsen* Auslieferungslager holten wir die gespendeten Kisten mit Keksen, Zwieback, Knäckebrot und „Pemmikan" (unser Winnetou-Jargon für eine speziell von *Bahlsen* für Expeditionen hergestellte Kraftnahrung, bestehend aus Haferflocken, Traubenzucker, Rosinen, Nüssen und anderen „kernigen" Grundstoffen). Gegessen werden kann „Pemmikan" roh, als Suppe, Brei, allein oder in Gruppen, mit oder ohne Beigaben im Wechsel mit Reis und/oder *Pfanni*-Knödeln in allen Variationen. Auch Keks mit Schokolade belegt war für das nächste halbe Jahr (d.h. bis der Vorrat zu Ende war) unsere Hauptdiät.

Anschließend wurde dann endgültig gepackt und das Auto beladen. Die Keksspenden von *Bahlsen* waren sehr reichlich und um einige Kekskanister zu entleeren, weil sie für unsere Reise-Apotheke und als Vorratsbehälter für andere Werbeprodukte (wie Käse, Sonnencremes, Underberg, Zahncreme und Uhren) bestens geeignet waren, wollten wir den Inhalt an vorbeilaufende Kinder verschenken. Dieser Versuch scheiterte kläglich, weil die Kinder „doch lieber ein Eis" haben wollten.

Um 16:15 Uhr war dann alles soweit startklar und wir begannen eine Reise, von der wir eigentlich nur wussten, dass sie ein bis zwei Jahre dauern würde und uns einmal um die Erde bringen sollte. Wir hatten uns für eine „Ostumrundung" entschieden, aber die endgültige Reiseroute wurde von Fall zu Fall erst unterwegs festgelegt. Für viele Länder gab es gar keine Straßenkarten, und vielfach mussten wir uns auf Hörensagen verlassen. 1962 hatte *Neckermann* und/oder *Touropa* die Welt noch nicht touristisch erschlossen und aufgeteilt. Und hinter Ankara hörte die Teerstraße auf.

DER TACHO UNSERES VW ZEIGTE 71.371 KM

Bei Salzburg passierten wir die Grenze nach Österreich. Keinerlei Schwierigkeiten beim Zoll; jedoch fragte man uns aufgrund unserer Auto-Aufschrift „GERMAN GEOLOGICAL EXPEDITION" nach dem Ziel unserer Reise, das wir als Singapore angaben. Der Zöllner meinte: „Da seid's scho recht, immer geradeaus, nur die Straß'n werden halt ein biss'l enger ...!"

Landkarten / Straßenkarten für unsere Reiseroute gab es seinerzeit für Länder insbesondere außerhalb Europas noch nicht, von Tourist-Offices in den jeweiligen Länder ganz zu schweigen. Nur in den Botschaften erhielten wir einige Länder-Infos.

Istanbul, Türkei 1962, Bootsfahrt auf dem Bosporus zwischen Europa und Asien

Tennant Creek, Australien 1963, kleine Mahlzeit am Lagerfeuer

Aus dem Reisetagebuch 1962-1964

DIE RÜCKREISE

Nachdem Asien von West nach Ost durchquert, ein Abstecher nach Australien geführt und der Pazifik überquert war, begannen die letzten Tage der Weltreise in Panama.

Am 19.12. [1963] durchquerten wir den Isthmus auf dem Panama-Kanal; vor allem die gewaltigen Schleusenanlagen waren sehr beeindruckend. Ca. 8 Stunden dauerte die Fahrt durch den Kanal, und es gab einigen Gegenverkehr, u.a. den Passagierdampfer „Southern Cross".
In den folgenden Tagen genossen wir vor allem das Essen!
Am 21.12. legten wir in Jamaica (Kingston) an. Nach dem Frühstück liefen wir 4 Meilen vom Hafen bis Kingston; uns bot die Stadt nichts Neues. Aus einem Stadtviertel wurden wir von einem Polizisten in Zivil herausgeleitet, es soll unsicher sein dort.
Unsere Fahrt ging an Kuba vorbei nach Port Everglades / Miami, USA. Vor der Hafeneinfahrt empfing uns ein Desinfektionskommando. Eine 14 Mann starke Gesundheits-, Einwanderungs- und Polizeibehördenabordnung kam an Bord, um alle Passagiere und Mannschaften zu überprüfen. Miami war der langweiligste und sterilste Hafen, den wir je gesehen hatten. Wir fuhren mit dem Stadtbus zum Aquarium. Was geboten wurde, war nach unserer Meinung den Eintrittspreis nicht wert. Miami war keine Stadt, in der wir uns wohlfühlen könnten. Kurz vor der Abfahrt des Schiffes [von Miami] kamen wir wieder im Hafen an.
Am 27.12. waren wir auf den Bermudas. Mit einem Fährboot gingen wir an Land und machten einen sehr langen Spaziergang von etwa 17 Meilen. Mit knapper Not erwischten wir gerade noch die letzte Fähre zum Schiff zurück. Die Insel gefiel uns, das Klima war gut, alles sauber, die Häuser pastellfarben mit eigenartigen weißen Dächern. Die Hauptstadt Hamilton war verhältnismäßig groß, es gab zahlreiche Geschäfte.
Am Abend ging es dann weiter in Richtung Europa.
Am 31.12. wurde die See sehr rauh, Geschirr, Tische, Stühle und Menschen schlitterten durch die Gegend. Wir wurden nicht seekrank. Innerhalb kurzer Zeit fiel die Temperatur auf 8 °C, wir fanden das sehr kalt.
An Silvester machten wir uns auch wieder fein, wir zogen zur Abwechslung unsere Blue Jeans an.
Die Silvester-Feierlichkeiten ergaben auf der Mannschaftsseite einige Verluste, da infolge von Meinungsverschiedenheiten etwa sechs Mann in ärztliche Behandlung mussten.
Am 4.1. [1964] kam die Küste von England in Sicht. Es war dichter Nebel im Kanal und es wurde schon befürchtet, dass wir noch einen Tag länger auf dem Schiff bleiben müssten. Am Mittag war dann aber die Reise zu Ende, wir legten in Tilbury an. Als die Formalitäten erledigt waren, verließen wir das Schiff und fuhren gleich weiter nach Dover. Übernachtung war uns hier zu teuer und so nahmen wir die Nachtfähre zum Kontinent, nach Calais.
Von hier hatten wir eine Zugverbindung über Belgien nach Düsseldorf. Alles war grau in grau und kam uns sehr trostlos vor, nachdem wir die lange Zeit in den üppigen Tropen gelebt hatten.
Ohne irgendwelche Schwierigkeiten passierten wir den deutschen Zoll und kamen am Nachmittag des 6.1. in Düsseldorf an. Hier warb in Bahnhofsnähe ein großes Plakat für den Film „Um die Welt in 80 Minuten".
Von Siegfrieds Schwester und Schwager wurden wir sehr gastfreundlich aufgenommen und zivilisiert; als erstes mussten wir in die Badewanne, dabei waren wir gar nicht so dreckig. Unsere schönen Strümpfe, aus denen alle zehn Zehen herausschauten, wurden konfisziert, dann bekamen wir saubere Wäsche geliehen.
Kräftigen Appetit hatten wir auch, vor allem auf so lange entbehrte Dinge wie Rollmöpse und saure Gurken. Wir aßen jeden Tag ein Glas davon.
Wir hatten eigentlich vor, nach München zu trampen, aber mit dem vielen Gepäck und dem Wetter war es recht ungünstig. Wir bekamen die Fahrkarten spendiert und setzten uns am 8.1. abends in den D-Zug nach München. In einem derart bequemen Zug hatten wir ewig nicht gesessen.
Am 9.1. [1964], unserem 534. Reisetag, trafen wir dann wieder in München ein. Es kam uns vor, als sei die Zeit hier stehen geblieben, hier hatte sich kaum etwas verändert.
Wir aber hatten in den vergangenen anderthalb Jahren vieles gesehen und erlebt, wir brachten Erinnerungen mit, die uns niemand nehmen kann und die sich wohl für immer in uns eingeprägt hatten.

- ENDE -

WELT-BILDER

Ostanatolien, Türkei 1962, die Straßen wurden nicht nur enger, wie es uns der Zöllner in Salzburg angekündigt hatte...
Straßenbauarbeiten

Persien 1962, Kontrollposten an einer Straße

Persien 1962, Dorfszene

Kak-i-Shaupan, Afghanistan 1962, kleiner Basar

Khyber-Pass, Pakistan 1962, Handwerker am Wegesrand

Salzgebirge (Salt Range), Pakistan 1962, Fossilien-Fundstelle

Impressionen der Weltreise 1962-1964

Ranipur, Uttar Pradesh, Indien 1962, Überfahrt mit der Fähre über den Sukhnai Nadi

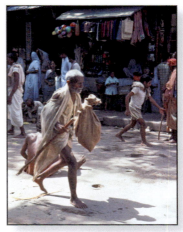

Benares, Indien 1962, Straßenszene

Patna, Indien 1962, Bewässerung

Richtung Kathmandu, Nepal 1962, Straßenbau

Muktinath, Nepal 1962, Fossilfundstelle für Amoniten

Nepal 1962, Schneiderei unter freiem Himmel

Nepal 1962, Kettenbrücke über ein Flusstal

WELT-BILDER

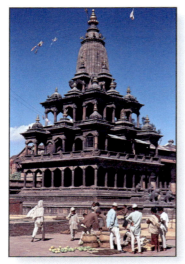

Myitkyina, Myanmar 1962, Goldwäscher

Patna, Nepal 1962, Krishna Mandir Tempel

Lamphun, Thailand 1963

Siem Reap, Kambodscha 1963, Dorfszene

Siem Reap, Kambodscha 1963, Räucherstäbchenritual

Vietnam 1963, Dorfszene bei einem Bergvolk

Impressionen der Weltreise 1962-1964

Bei Vientane, Laos 1963, Verladestation am Fluss

Pangandaran, Java, Indonesien 1963, Fisch trocknen

Bandung, Java, Indonesien 1963, Erkundung an einem Vulkan

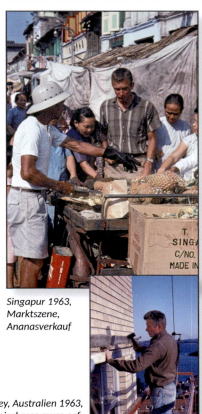

Singapur 1963, Marktszene, Ananasverkauf

Sydney, Australien 1963, die Reisekasse muss aufgefüllt wreden; Arbeiten auf dem Bau

Northern Territory, Australien 1963, warten auf eine Mitfahrgelegenheit

WELT-BILDER

Neue Hebriden, Espiritu Santo, Vanuatu 1963, vom Weg abgekommen:
Hilfestellung bei der Autobefreiung

Moorea, Tahiti 1963, Kinder begleiten einen Exoten

Mazapil, Mexiko 1963, geologische Prospektion

Sierra Symon bei Torreón, Bundesstaat Coahuila, Mexiko 1963

Mazapil, Mexiko 1963,
Wüstenwanderung

Portraits der Kontinente — 1966 bis 2018

PORTRAITS DER KONTINENTE

EUROPA
(incl. Russland)

NORWEGEN

Stabkirche in Heddal im Süden des Landes, erbaut im 13. Jhdt., die größte Stabkirche in Norwegen.
Stabkirchen gibt es heute nur noch in Schweden (eine), sowie in England und in Island.
Stabkirchen sind für Norwegen charakteristischer als die Fjorde (entstanden durch seewärts wandernde Talgletscher), die es auch in mehreren anderen Ländern und Kontinenten gibt.

2004

SCHWEDEN

Öland, Gettlinge, Gräberfeld, Megalithkultur. Mit fast 2 km Länge ist es eines der größten Gräberfelder der Insel Öland und wurde von 1000 v. Chr. bis 1050 n. Chr. als Grabstätte genutzt.
Im Hintergrund die mitten im nördlichen Bereich des Gräberfelds stehende Windmühle.

2002

WELT-BILDER

FINNLAND

Hämeenkyro (schwedisch Tavastkyro) am See Kirkkojärvi, im Südwesten des weitgehend flachen, dünnbesiedelten und zweisprachigen Landes mit (offiziell) 187.888 Seen, welche oft über schmale Durchlässe miteinander verbunden sind. So bildet der Kirkkojärvi zusammen mit mehreren verbundenen anderen Seen eine geschlossene Wasserfläche, die bis zur (auf dem Wasserweg 40 km entfernten) Großstadt Tampere und weit darüber hinaus reicht.

2002

ISLAND

Strokkur, Geysir, wenige Kilometer östlich der Bruchzone, entlang derer die Kontinente Europa una Amerika auseinanderdriften. Etwa alle zehn Minuten steigt seine Wassersäule 25 bis 35 Meter hoch.

1998

Portraits der Kontinente — 1966 bis 2018

IRLAND

Clonmacnoise, auf irisch Cluain Mhic Nóis, „Wiese der Söhne des Nóis", im Zentrum der Insel am Fluss Shannon und direkt an der Grenze der Counties Offaly und Roscommon gelegene Klosterruine.
Im Bild links Rundturm und St.-Patricks-Kreuz des im 6. Jhdt. gegründeten und im 17. Jhdt. durch den englischen Staatsmann Oliver Cromwell zerstörten Klosters.

1997

ENGLAND

Stonehenge, 5.000 Jahre alte jungsteinzeitliche Megalith-Kultstätte in der heutigen Grafschaft Wiltshire im Süden Englands. Die 5 m und mehr messenden und mehrere zehn Tonnen wiegenden Steine, aus denen die Anlage errichtet wurde, stammen teils aus dem Norden Schottlands, teils aus dem (benachbarten) Wales.
Zur kulturellen Bedeutung der Anlage gibt es nur Hypothesen; Zeitzeugenberichte aus damaliger Zeit existieren nicht.

1987

WELT-BILDER

DÄNEMARK

Nymindegab im Nordwesten von Syddanmark, Haus mit Reetdach (Schilfdach), im Hintergrund links die Nordsee.
Schilf oder Reet wird seit mindestens 6.000 Jahren zum Dachdecken verwendet.
Der für Skandinavien typische rostrote Anstrich der Holzverkleidung des Hauses mit Eisenoxyd-Farbe schützt vor schneller Verwitterung.

1998

NIEDERLANDE

Amsterdam, Walter Süskindbrug an der Ecke Amstel / Nieuwe Herengracht, Zugbrücke direkt beim Amsterdam Museum und dem Kunstmuseum Hermitage Amsterdam, nahe der Metrostation Waterlooplein.
An dieser Stelle befand sich bereits seit 1662 eine Brücke, wie man alten Stadtplänen entnehmen kann.
Der Unterbau dieser neuen Brücke wurde 1972 errichtet, der abermals erneuerte Oberbau stammt aus dem Jahr 2022.

1989

Portraits der Kontinente — 1966 bis 2018

BELGIEN

Brüssel, Grand Place / Grote Markt, mit geschlossener barocker Fassadenfront einer der schönsten Plätze Europas.
Hier im Bild: Maison du Roi bzw. Broodhuis, Nachfolgebau eines Hauses aus dem 16. Jhdt. mit der im 19. Jhdt. restaurierten neogotischen Fassade im Stil der späten Brabanter Gotik.
Im 13. Jhdt. stand an dieser Stelle ein Holzhaus, in dem Bäcker ihr Brot verkauften, daher der Name Broodhuis.

1989

FRANKREICH

Provence, Remoulins, Pont du Gard, 49 m hohes Römisches Aquädukt einer einst 50 km langen Wasserleitung aus dem 1. Jhdt. zwischen den Städten Uzès und Nîmes, unten der Fluss Gardon.
Oben auf der nur 3 m breiten und 275 m langen, 35-bögigen Ebene sind Fußgänger unterwegs.

1991

WELT-BILDER

FRANKREICH

Puteaux, La Défense, unmittelbar westlich von Paris, La Grande Arche de la Fraternité, ein moderner Triumphbogen, dessen Form von einem Tesserakt (vierdimensionaler Hyperwürfel) inspiriert ist.
Erbaut in den Jahren 1984 bis 1989 während der Präsidentschaft von François Mitterrand, wurde er am 14. Juli 1989, dem 200sten Jahrestag der Französischen Revolution, eröffnet.

2000

FRANKREICH

Loiret, Montargis. Landwirtschaft, Gehöft und Rapsfeld, eine Landschaft, wie sie typisch für Mittel- und Westeuropa ist. Verwendet wird Raps (die Raps-Samen) insbesondere für die Produktion von Pflanzenöl; die Blätter sind essbar und können z.B. als Ersatz für Weinblätter verwendet werden.

1996

Portraits der Kontinente — 1966 bis 2018

DEUTSCHLAND

Bayern, Schwangau, Kirche St. Coloman vor Alpenpanorama.
Namenspatron ist der irische Pilger Koloman aus dem 11. Jhdt.; die Kirche im barokken Stil wurde im 17. Jhdt. errichtet.
Das Ensemble aus Kirche und den Bäumen am Fuß der Allgäuer Alpen (am Südrand des bayerischen Alpenvorlands) ist ein fast kitschig-schöner Inbegriff für den Freistaat.

1989

DEUTSCHLAND

Baden-Württemberg, Schwäbisch Hall, Stadt (einstiger) Salzsieder und Namensgeberin für die Münzeinheit Heller.
Im Bild: Fachwerkhäuser am Ufer des Kocher, dem zweitgrößten Nebenfluss des Neckars.
Fachwerkarchitektur ist eine in weiten Teilen Deutschlands und der Schweiz, aber auch in etlichen anderen Ländern weltweit anzutreffende Bauweise nicht nur für Wohnhäuser.

2002

WELT-BILDER

DEUTSCHLAND

Thüringen, Trusetal (Brotterode-Trusetal), Gartenzwergmuseum.
Gartenzwerge mögen als ein Inbegriff deutscher Selbstironie (und Spießigkeit oder Symbol für's Spießbürgertum) gelten, sind jedoch in anderen, auch außereuropäischen Ländern ebenso anzutreffen.
Die Inspiration für Gartenzwerge geht auf germanische und griechische Mythologie zurück.

2011

SCHWEIZ

Wallis, Matterhorn, im Vordergrund ein Zug der Gornergratbahn (einer Zahnradbahn). Dieser 4.478 m hohe Karling (durch Erosion und Gletscherschliff in den Eiszeiten entstandene Berggipfel), direkt an der Grenze zu Italien gelegen, ist ein ikonisches Symbol der Schweiz. Die Südwand des Berges liegt auf italienischem Staatsgebiet.

1995

Portraits der Kontinente — 1966 bis 2018

ÖSTERREICH

Tirol, Ellbögen / Mühltal im Silltal (Wipptal) südlich von Innsbruck, Lüftlmalerei, eine volkstümliche Variante des Trompe-l'œil, der Scheinmalerei aus dem Barock, mit der Architekturelemente an Hausfassaden imitiert werden.
Diese Art der Lüftlmalerei ist insbesondere im südlichen Oberbayern sowie in Tirol zu sehen.

1999

PORTUGAL

Belém, seit dem Jahr 1885 ein Stadtteil der portugiesischen Hauptstadt Lissabon am Fluss Tejo kurz vor dessen Einmündung in den Atlantik gelegen. Padrão dos Descobrimentos (Entdeckerdenkmal), nur wenige hundert Meter östlich des Torre de Belém gelegen. Das Denkmal wurde zum 500. Todestag von Heinrich dem Seefahrer errichtet und bietet in seinem Innern ein Auditorium; vor dem Denkmal befindet sich das Mosaikbild einer Windrose (Ø 50 m) samt einer Weltkarte.

2003

WELT-BILDER

SPANIEN

Andalusien, Granada, Alhambra, Torre de las Damas (Palacio del Partal).
Die 740 m lange Stadtburg Alhambra (Burg der Roten oder Rote Festung) auf dem Sabikah-Hügel östlich des heutigen Stadtzentrums wurde während oder wahrscheinlich bereits vor der Zeit des Kalifats von Córdoba (929–1031) errichtet, ein genaues Datum ist nicht bekannt.

1977

SPANIEN

Andalusien, bei Antequera, der Stadt, die das „Herz von Andalusien" genannt wird. Finca außerhalb der Stadt.
Fincas galten (oder gelten) manchen großstadtgeplagten Menschen als Fluchtmöglichkeit und als Traumziel, um dem Stress dauerhaft zu entkommen …

1991

Portraits der Kontinente — 1966 bis 2018

ITALIEN

Toscana, Pisa, Dom und freistehender Glokkenturm, aus dieser Perspektive scheinbar nicht schief, jedoch nach hinten geneigt. Auf dem Rasen vor dem Dom die Säule mit der Lupa Capitolina, einer von mehreren Kopien der Bronzefigur einer Wölfin, die Romulus und Remus, die mythischen Gründer der Stadt Rom, säugt.
Der Turm, auf lehmigem Untergrund eines antiken, versandeten Hafenbeckens errichtet, begann schon während der Bauphase im späten 12. Jhdt., sich zu neigen.

2002

ITALIEN

Apulien, Alberobello, Trulli, nach dem Vorbild von Hirtenhütten dieser Gegend gebaute Wohnhäuser (Rundhäuser) mit Kegeldächern aus Kalksteinplatten, die ohne Mörtel in Form eines falschen Gewölbes, eines Kraggewölbes, aufeinandergeschichtet sind.
Trulli prägen weite Teile des Stadtbilds von Alberobello.

1993

WELT-BILDER

MALTA

Valletta, im 16. Jhdt. an den beiden größten Naturhäfen des Mittelmeeres nach den damaligen Idealstadt-Theorien errichtete Hauptstadt (aber keineswegs größte Stadt) des Inselstaates südlich der italienischen Insel Sizilien. Im Bild typische Wohnhäuser mit Erkern nach orientalischem / arabischem Vorbild.

2003

MONTENEGRO

Ostrog (Манастир Острог), Mitte des 17. Jhdts. von dem Metropoliten (Oberbischof) Vasilije Jovanović gegründetes Felsenkloster am Abhang des Prekornica-Gebirges und heute über eine gut ausgebaute Serpentinenstraße erreichbar.

2006

Portraits der Kontinente — 1966 bis 2018

ALBANIEN

Tiranë, Skanderbeg-Denkmal am Südrand des zentralen Skanderbeg-Platzes (Sheshi Skënderbej).
Skanderbeg (osmanisch İskender Beğ), mit bürgerlichem Namen Gjergj Kastrioti (1405 oder 1412-1468), von Papst Calixtus III mit dem Ehrentitel „Kämpfer des Christentums" ausgezeichnet, war ein albanischer Fürst und wird noch heute als albanischer Nationalheld geehrt.

2006

BOSNIEN-HERCEGOVINA

Tjentište, Denkmal aus jugoslawischer Zeit im Sutjeska-Nationalpark (benannt nach dem Fluss Sutjeska) an der Grenze zu Montenegro.
Das Denkmal erinnert an Kriegsschlachten zwischen jugoslawischen Partisanen und der deutschen Wehrmacht im Zweiten Weltkrieg.

2006

WELT-BILDER

KROATIEN

Dubrovnik, in romanischen Sprachen Ragusa genannte Stadt am südlichen Zipfel Kroatiens direkt an der Adria gelegen; Hauptstraße Stradun mit dem Glockenturm des Franziskanerklosters Franjevački samostan i crkva in der von einer vollständigen und begehbaren, fast 2 km langen Stadtmauer umgebenen Altstadt, die heute musealen Charakter hat.

2004

KROATIEN

Krka Nationalpark, Wasserfall.
Die Krka, ein 72 km langer freifließender Fluss, entspringt im Dinarischen Gebirge (Karst) und mündet bei Šibenik vor der Insel Zlarin in die Adria.
Der Höhenunterschied zwischen Quelle und Mündung beträgt etwas mehr als 200 m. Zahlreiche mehrstufige Wasserfälle mit Höhen bis 45 m prägen das Bild dieses Flusses.

2004

Portraits der Kontinente — 1966 bis 2018

GRIECHENLAND

Rhodos (Ρόδος), größte und östlichste Insel des Dodekanes, Lindos, Überreste der Akropolis auf einem Hügel im Osten der Stadt. Die griechischen Akropolen, Oberstädte, sind im ursprünglichen Sinn Burgberge bzw. Wehranlagen, aus denen im Laufe der Geschichte Kultplätze entstanden — die bekannteste ist die in der Hauptstadt Athen.

1992

BULGARIEN

*Dimitrovgrad (Димитровград), Baumwollernte in Handarbeit.
Die Stadt am Fluss Mariza in der Tiefebene von Thrakien, im Süden Bulgariens, wurde als sozialistische Modellstadt konzipiert und im Jahr 1947 gegründet. Textilindustrie ist hier – siehe das Bild von der Baumwollernte – einer der Industriezweige.*

1970

WELT-BILDER

RUMÄNIEN

Constanța, im Jahr 1910 errichtetes ehemaliges Spielcasino in der Stadt am Schwarzen Meer, unmittelbar nördlich des Hafens. Nach dem Auseinanderbrechen des Warschauer Pakts und dem Zerfall des einstigen „Ostblocks" ab 1990 zunächst dem Verfall preisgegeben, wurde das repräsentative Jugendstil-Gebäude seit dem Jahr 2020 saniert und instandgesetzt.

2001

UNGARN

Ziehbrunnen in der Puszta (Ödland), in Ungarn heute großenteils kultivierter Teil der Eurasischen Steppe, die sich bis in die Mongolei erstreckt.
Die ungarische Puszta gilt bisweilen als romantisierte Idealvorstellung — oder Wunschvorstellung — des Landes, die jedoch mit der Lebenswirklichkeit nicht übereinstimmt.

1989

Portraits der Kontinente — 1966 bis 2018

TSCHECHIEN

Telč in Südwestmähren, nahe der Grenze zu Österreich. Im Bild die in Tschechien nicht selten zu sehende, im Stil italienischer Renaissance-Sgraffiti reich verzierte und bemalte Fassade des Hauses von Michal (Michalův dům), eines einstigen Bäckers, Ratsherrn und Bürgermeisters, am Hauptplatz Náměstí Zachariáše z Hradce gegenüber der Mariensäule.
Die Stadt ist beispielhaft für italienische Architektur der Renaissance nördlich der Alpen.

2001

POLEN

Sanok, offiziell „Königliche Freie Stadt Sanok" (Królewskie Wolne Miasto Sanok) im äußersten Südosten des Landes nahe den Grenzen zur Slowakei und der Ukraine im Karpatenvorland. Der Titel erinnert an jene Zeit, da dieser Teil des Landes zur k.u.k.-Monarchie Österreich-Ungarn gehörte. Im Bild ein Haus im ländlichen Stil mit Heiligenfigur über der Eingangstür, ein für das mehrheitlich sehr religiös geprägte Polen nicht überraschender Anblick.

2006

WELT-BILDER

LITAUEN

Šiauliai, dessen Altstadt während des Ersten Weltkriegs weitgehend zerstört wurde, liegt im Norden des Landes, das bis zur Selbstauflösung der Sowjetunion im Jahr 1991 Teilrepublik der UdSSR war und heute Mitgliedsstaat von EU und NATO ist. Der „Berg der Kreuze" (Kryžių kalnas), um dessen Entstehung sich Legenden ranken, ist ein bedeutender Wallfahrtsort 12 km nördlich der Stadt in ländlicher, sehr flacher Landschaft und nur eine leichte Anhöhe.

2002

LETTLAND

Riga ist größte Stadt der drei baltischen Staaten und Haupstadt des Landes. Das Schwarzhäupterhaus (Melngalvju nams) aus dem 14. Jhdt., am Rathausplatz gelegen, wurde im Zweiten Weltkrieg zerstört und von 1993 bis 1999 originalgetreu wiedererrichtet.
Die „Compagnie der Schwarzen Häupter", auf die der Name des Hauses zurückgeht, war eine Vereinigung unverheirateter ausländischer Kaufleute ohne Bürgerrecht in Riga, die heute in Bremen fortbesteht und deren Satzung aus dem frühen 15. Jhdt. bis heute gilt.

2007

Portraits der Kontinente — 1966 bis 2018

ESTLAND

Tallinn, Aleksander-Nevski-Kathedrale auf dem Domberg bzw. dem Schlossplatz, erbaut 1894/95 und benannt nach dem russischen Nationalhelden und Heiligen Alexander Jaroslawitsch Newski.
Estland war seinerzeit ein Gouvernement des Russischen Kaiserreichs, heute ist es, wie auch die beiden anderen baltischen Staaten Lettland und Litauen, Mitgliedsland der EU und der NATO.

2002

UKRAINE

Kyïv, das Goldene Tor (Золоті ворота), ein im 11. Jhdt. errichtetes und im 20. Jhdt. rekonstruiertes Stadttor — nicht zu verwechseln mit dem Großen Tor von Kiew, einem Entwurf von Wiktor Hartmann für ein Stadttor, das den dortigen Triumphbogen ersetzen sollte und dem der russische Komponist Modest Mussorgsky in dem Klavierzyklus „Bilder einer Ausstellung" ein musikalisches Denkmal gesetzt hat.

2006

WELT-BILDER

RUSSLAND

Puschkin (Пушкин), 25 km südlich des Zentrums von Sankt Petersburg und früher Zarskoje Selo (Zarendorf) genannt. Der Katharinenpalast, in einem quadratkilometergroßen Gelände mit Parks, Gärten, Pavillons und Palast-Ensembles gelegen, war während des Zarenreichs (bis 1918) die Sommerresidenz des russischen Kaisers.

1991

RUSSLAND

Sankt Petersburg (Санкт-Петербург), Gehöft außerhalb der Stadt. Die Wohn- und Lebensverhältnisse der „gewöhnlichen" Menschen in Russland standen während der Zarenzeit wie auch während der sozialistischen / kommunistischen Ära, und stehen bis heute in Zeiten der Oligarchen und des seit Jahrhunderten fortdauernden Despotismus — nicht ungewöhnlich für Diktaturen —, in eklatantem Kontrast zu dem der Machthaber im Land.

1991

Portraits der Kontinente — 1966 bis 2018

ASIEN

RUSSLAND

Ulan-Ude (Улаан-Удэ), 90 km südöstlich des Baikals, ist die Hauptstadt der Burjaten, eines Mongolenvolkes. Im Bild das buddhistische Ivolginskiy-Dazan-Kloster; der Dazan, eine buddhistische Klosteruniversität mit vier Fakultäten, darunter buddhistische Medizin und Malerei, liegt 30 km westlich beim Dorf Werchnjaja Iwolga.
Während der Terrorherrschaft Stalins zerstört, wurde das Kloster später wieder aufgebaut und ist eine der wichtigsten buddhistischen Tempelanlagen Russlands.

2008

RUSSLAND

Kamtschatka (Камчатка), vulkan- und geysirreiche Halbinsel nordöstlich von Japan, ist Teil des Pazifischen Feuerrings (zirkumpazifischer Feuergürtel).
Der Tolbatschik (Толбачик) bildet zusammen mit der Kljutschewskaja Sopka (Ключевская Сопка) und ein paar weiteren Erhebungen östlich des Gebirgshauptkamms ein markantes Vulkanmassiv.

2009

WELT-BILDER

NORD-KOREA

Pjöngjang, Monument zur Gründung der Partei der Arbeit Koreas (Ø 42 m, Höhe 50 m) mit Hammer, Sichel und Pinsel. Ständige Begleitung, die vor „Fehlverhalten" und „Irrtümern" bewahrt, ist für Touristen obligatorisch und macht Nord-Korea vordergründig zu einem der für Touristen sichersten Länder der Welt.

2012

SÜD-KOREA

Sinnam, Haesindang Park (Penispark) im Süden der Provinz Gangwon-do am Pazifik. Um die Entstehung der Skulpturen rankt sich die (tragische) „Legende von Auebawi und Haesindang", der zufolge die Frau eines Fischers bei einem Sturm ertrank und in dem Dorf danach keine Fische mehr gefangen wurden. Nachdem ein Fischer ins Meer uriniert (gepinkelt) hatte — der Geist der Frau erfreute sich an diesem Anblick — wurden anschließend wieder Fische gefangen.

2005

Portraits der Kontinente — 1966 bis 2018

JAPAN

Kyūshū, südlichste der großen Inseln Japans, Fukuoka, Sumiyoshi-Schrein im Zentrum der Stadt nahe dem Fluss Naka; Shintō-Zeremonie.
Im Shintōismus gibt es eine im Grunde unbegrenzte Anzahl an Gottheiten (Kami) — alles kann „Gott" sein, Menschen, Tiere, Pflanzen, Steine, Gegenstände, abstrakte Wesen, auch ganz ohne feststellbare Wechselwirkungen.

1998

JAPAN

Tokyo, rebellische Jugendliche — Punk, (engl. für „faulendes Holz"), eine in den 1970er Jahren in New York City (USA) und in London (UK) entstandene Jugendkultur.

2002

WELT-BILDER

TAIWAN

Taipeh, Säbelfechter (Zeremonie) im Neuen Park.
Im kleinen, modernen Staat Taiwan mit führender Technologie im Computerbereich hat sich eine Mischung aus chinesisch- und japanischstämmigen kulturellen Einflüssen als etwas Eigenständiges herausgebildet und etabliert; das Säbelfechten ist eine ritualisierte und strengen Regeln folgende Kampfsportart.

1995

PHILIPPINEN

Legazpi in der Provinz Albay, Insel Luzon, wo die Pazifische Platte unter die Philippinische Platte geschoben wird. Die Plattengrenze ist Teil des Pazifischen Feuerrings; der 2.462 m hohe Mayon, ein sehr aktiver Vulkan mit einem nahezu perfektem Kegel, ist seit dem Jahr 2000 im Abstand weniger Jahre mehrfach ausgebrochen.

1980

Portraits der Kontinente — 1966 bis 2018

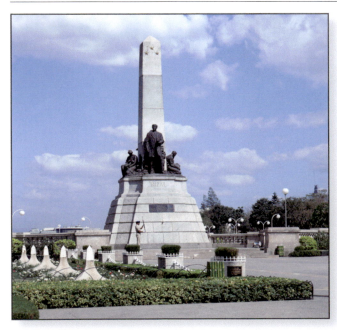

PHILIPPINEN

José Rizal (1861-1896) war ein Arzt und Schriftsteller — und Freiheitskämpfer, der sich gegen die spanische Kolonialherrschaft gewendet hatte. Am 30. Dezember 1896 wurde er von der spanischen Kolonialregierung ermordet. Ihm sind Denkmäler im ganzen Land, auch in kleinen Orten, sowie in Wilhelmsfeld bei Heidelberg gewidmet. Die spanische Kolonialherrschaft endete 1899; es folgte, bis zum 4. Juli 1946, die US-amerikanische Herrschaft, während der die Philippinen wirtschaftlich die Nummer Eins in Südost-Asien waren.
Rizal-Park und -Denkmal (Parke ng Rizal (Bagumbayan)) in Manila.

1980

INDONESIEN

Borobudur, in Zentral-Java nordwestlich der Stadt Yogyakarta gelegene, buddhistische Tempelanlage in Form einer flachen Stufenpyramide mit 123 m im Quadrat. Erbaut vermutlich im 8 Jhdt., war der Borobudur fast tausend Jahre lang in Vergessenheit geraten und mit tropischer Vegetation überwuchert. Ab dem frühen 19. Jhdt. erwachte das Interesse an dem Komplex wieder, und gegen Ende des 19. / zu Beginn des 20. Jhdts. wurde seine Freilegung und Restaurierung in Angriff genommen, die 1983 abgeschlossen werden konnte.

2009

WELT-BILDER

BRUNEI

Bandar Seri Begawan, Hauptstadt des kleinen Sultanats und zweitreichsten Landes Südost-Asiens auf der Insel Borneo, die es sich mit Malaysia und Indonesien teilt. Kampong Ayer, „Wasserdorf" im Süden der Stadt am Brunei-Fluss gelegen, wird überragt von der goldenen Kuppel der Sultan-Omar-Ali-Saifuddin-Moschee — Machtsymbol für die hier, wie in vielen islamischen Ländern, stark eingeschränkte Religionsfreiheit — auf der gegenüberliegenden Seite des Flusses.

2008

SINGAPUR

Der Stadtstaat im Süden der Malaiischen Halbinsel, von dieser durch die Straße von Johor getrennt, gehörte bis 1965 zu Malaysia. Seither hat sich das Land, die „Löwenstadt", so die Übersetzung des Namens, innerhalb weniger Jahrzehnte zu einem prosperierenden Industriestaat entwickelt. Das Bild vom Hafen am Singapore River spiegelt im Vergleich mit dem folgenden Foto (S. 53) diese Entwicklung wider.

1970

Portraits der Kontinente — 1966 bis 2018

SINGAPUR

Merlion, Symbol der „Löwenstadt", wasserspeiende Löwenskulptur an der Mündung des Singapore River in ein Seitenbecken der Marina Bay, dahinter die Jubilee Bridge und Teile der Skyline sowie das Dach der Esplanade Concert Hall.

2005

MALAYSIA

Melaka (Malacca), an der Westküste der für die internationale Schiffahrt und den Welthandel bedeutsamen Straße von Malacca gelegene Großstadt. Die Straße von Malacca verläuft zwischen der Malaiischen Halbinsel und der indonesischen Insel Sumatra bis nach Singapur und die südlich des Stadtstaates gelegenen Riau-Inseln und verbindet dort den Indischen Ozean mit dem Südchinesischen Meer. Traditioneller Ochsenkarren für den öffentlichen / touristischen Personentransport.

1993

WELT-BILDER

THAILAND

Mae Hong Son im Nordwesten Thailands an der Grenze zu Myanmar. Padaung-Dorf (burmesische Flüchtlingssiedlung), Giraffenhals-Goldschmuck, der von Frauen ab der Kindheit getragen wird („Long Neck Karen", von denen manche in Schaudörfern in Thailand und Vietnam als Objekte eines Ethno-Tourismus leben).

2005

THAILAND

Chiang Rai in der gleichnamigen nördlichsten Provinz Thailands. Der Wat Rong Khun (bei den Orten Bua Sali und Pa O Don Chai) ist ein privates Kunstwerk im Stile einer buddhistischen Tempelanlage, das von Chalermchai Kositpipat und einer großen Zahl freiwilliger Helfer Ende des 20. Jhdts. an der Stelle errichtet wurde, an der sich zuvor bereits die Ruine eines Tempels befand.

2005

Portraits der Kontinente — 1966 bis 2018

KAMBODSCHA

Bayon-Tempel, Khmer-Architektur in Angkor Thom, der ab Ende des 12. Jhdts. errichteten „Großen Stadt" und Teil der einstigen Hauptstadt des Khmer-Reichs am Fluss Siem Reap nördlich der gleichnamigen Stadt in einem mehrere Quadratkilometer großen, von dichtem Wald umgebenen (und teils überwucherten) Areal mit Tempeln, an dessen südlichem Ende der Angkor Wat liegt.

2007

VIETNAM

Hohe Sanddünen, ein für Südost-Asien außergewöhnlicher Anblick bei Mũi Né, einem im Südosten des Landes gelegenen Fischerdorf und (seit ca. 1995) Touristenort insbesondere auch für Surfer, an einer langgezogenen Meeresbucht an dem in Vietnam „Biển Đông" (Ostsee) genannten Südchinesichen Meer, 220 km von Saigon; Weiße Dünen.

2007

WELT-BILDER

VIETNAM

Ha Long-Bucht (Vịnh Hạ Long), die „Bucht des untertauchenden Drachen" im Golf von Tonkin, 120 km von der Hauptstadt Hanoi entfernt bei der namengebenden Stadt Ha Long gelegen, gilt mit seinen fast 2.000 Inseln und Felsen als ein (optischer und geografischer) Inbegriff für Vietnam. Das gesamte Kalksteinplateau der Bucht sinkt langsam ab, was dem Namen „Bucht des untertauchenden Drachen" einige Berechtigung verleiht.

2007

LAOS

Ebene der Tonkrüge, auch Ebene der Steinkrüge, ein 174 ha (= 1,74 km²) großes Areal bei der Standt Phonsavan im nördlichen Zentral-Laos, einem vermutlich zwischen 500 v.Chr. und 500 n.Chr. angelegten Gärberfeld von mehr als 2.100 Megalith-Krügen aus Sandstein, manche bis 3 m groß und 6 t schwer.
Die Ebene der Tonkrüge ist eines der bedeutsamsten touristischen Ziele im wirtschaftlich vergleichweise armen Laos.

2003

Portraits der Kontinente — 1966 bis 2018

MYANMAR

Yangon (Rangoon), am 40.000 km² großen Delta des Ayeyarwaddy (Irrawaddy) und am Zusammenfluss mehrerer Mündungsarme und Flüsse gelegene einstige Hauptstadt (bis 2005).
Zahlreiche Schreine umgeben den Stupa der Shwedagon-Pagode auf dem Singuttara-Hügel im Südwesten (der Legende nach 2.500 Jahre alt), der die Stadt überragt.

2003

CHINA

Beijing (Peking), Himmelstempel, Halle des Erntegebetes (Dàqídiàn, auch Halle der Ernteopfer, Qíniándiàn genannt) in der Verbotenen Stadt, erbaut in den Jahren 1406 bis 1420 während der Ming-Dynastie, ist Ausdruck der in der chinesischen Kultur wichtigen Harmonie — die auch in der Scheu vor Kritik zum Ausdruck kommt und damit eine Grundlage für Diktatur ist, denn alle von der offiziell vorgegebenen (erzwungenen) Mehrheitsmeinung abweichenden Ansichten stören die Harmonie.
Der Himmelstempel symbolisiert (lt. UNESCO) die Legitimation der chinesischen Feudalherrschaft von über 2.000 Jahren, also von Diktatur, die sich in der Alleinherrschaft der KP (Monarchie) fortsetzt.

1986

WELT-BILDER

HONGKONG

Der „Duftende Hafen" am Perlfluss war von 1843 bis 1997 britische Kronkolonie und ist seither, wie auch das benachbarte Macau, eine Sonderverwaltungszone innerhalb Chinas mit vertraglich vereinbarten Sonderrechten und insbesondere Bürgerrechten – die seit 2014 allerdings zunehmend ausgehöhlt werden. Der Hafen im nördlich von Hong Kong Island gelegenen Stadtteil Kowloon schaut längst nicht mehr so beschaulich aus wie auf dem Bild links.

1969

MONGOLEI

Dsuunmod, Kleinstadt südlich von Ulaanbataar, dazwischen der gebirgige Nationalpark Bogd Khan Uul. Manzushir, ein Wildtiermuseum mit Ger-Camp (Jurten), liegt am Südhang des Gebirges.

1996

Portraits der Kontinente — 1966 bis 2018

TIBET

Sakya (Sa'gya), ein Kreis der Stadt (und ehemaligem Regierungsbezirk) Xigazê, 100 km nördlich des einstigen Königreichs und heutigen indischen Bundesstaates Sikkim gelegen.
Im Bild links Häuser und Straßenszene beim buddhistischen Sakya Monastery (Kloster).

2000

BHUTAN

Das Tsechu-Fest im „Land des Donnerdrachens", wie das Königreich Brug Yul (oder Druk Yul) südlich von Tibet in der Landessprache heißt, wird jährlich auf der Grundlage des Tibetischen Kalenders immer am zehnten Tag eines Monats gefeiert (Tsechu = Tag zehn). Es hat, insbesondere für Bewohner abgelegener Orte, auch die Funktion von Jahrmärkten und Volksversammlungen.

2007

WELT-BILDER

BHUTAN

Punakha, westlich-zentral am Fluss Puna Tsang Chu in 1.240 m Höhe und subtropischem Klima gelegen, ist ein idealer Ort für den Anbau des bhutanischen roten Reises. Reisterrassen, wie man sie sonst eher aus China, Indonesien und den Philippinen kennt, sind hier entlang des Flusses und der Seitentäler großflächig angelegt.

2007

BANGLADESH

Chittagong, offiziell Chattogram, Hafenstadt am Karnaphuli River, der südlich der Stadt in den Golf von Bengalen mündet. Die dörfliche kleine Siedlung am Stadtrand lässt nicht ahnen, dass „nebenan" der größte Seehafen des Landes — das sich größtenteils nur wenige Meter über den Meersspiegel erhebt — und einer der größten Seehäfen des Indischen Subkontinents liegt.

1985

Portraits der Kontinente — 1966 bis 2018

NEPAL

Lalitpur, ursprünglich Patan und Hauptstadt des gleichnamigen, bis 1768 bestehenden Königreichs, bildet zusammen mit Kathmandu, der Hauptstadt Nepals, einen geschlossenen, nur durch den Bagmati River getrennten Siedlungsraum.
Die Gebäude auf dem Durbar Squre wurden während des Erdbebens am 25. April 2015 und mehrerer Nachbeben teilweise zerstört oder schwer beschädigt; Kathmandu wurde um 1,5 m nach Süden verschoben und um einen Meter angehoben.

1982

NEPAL

Bhaktapur, „Stadt der Frommen" und eine der Königsstädte Nepals, einem Land, das seit Mai 2008 eine Bundesrepublik ist. Die Armut im Land, das, außer Landwirtschaft, über kaum nennenswerte natürliche Ressourcen verfügt und dessen BIP und Lebensstandard entsprechend gering bis sehr niedrig sind, ist geblieben. Kinder auf dem Gehweg an einem Haus.

1967

WELT-BILDER

NEPAL

Region ohne Straßen: Dolpo, dessen oberer Teil (auch Inneres Dolpo genannt) bis 1993 Sperrgebiet war.
Die Gegend um den Numa La Pass (hier auf 5.450 m), der Verbindung zwischen Ringmo am Phoksundo-See und dem Dorf Dho Tarap im Tarap Khola-Tal, ist ein beliebtes Trekkinggebiet, das man nur mit ortskundiger Begleitung betreten und durchwandern sollte.

1982

INDIEN

Amritsar („Nektarsee") ist eine Stadt im Punjab im Nordwesten Indiens nur wenige Kilometer von der Grenze zu Pakistan entfernt.
Der Goldene Tempel (Harmandir Sahib) ist bedeutendstes Heiligtum der Sikhs, einer im 15. Jhdt. entstandenen Religionsgemeinschaft, die sich nicht an der Einhaltung religiöser Dogmen orientiert, sondern das Ziel hat, religiöse Weisheit für den Alltag nutzbar und praktisch zu machen. Sie distanzieren sich von den Traditionen anderer Religionen.

2004

Portraits der Kontinente — 1966 bis 2018

INDIEN

Chennai (bis 1996 Madras) im Nordosten von Tamil Nadu, dem südlichsten Bundesstaat Indiens, wurde um das von den Engländern im Jahr 1640 angelegte Fort St. George herum errichtet.
Straßenszene mit den für Indien nicht ungewöhnlichen Kontrasten.

1968

SRI LANKA

Kataragama im Südosten der Insel ist einer der heiligsten Orte des Landes, das manchmal noch Ceylon genannt wird. Neben Selbstkasteiungsritualen während des Opferfestes gehört der Feuerlauf während des jeweils im Juli stattfindenden Perahera, bei dem die Teilnehmer in einer Art Trancezustand über glühende Holzkohle oder heiße Steine laufen, zu den spektakulären Höhepunkten des Jahres.

1974

WELT-BILDER

SRI LANKA

Nuwara Eliya, die „Stadt des Lichts", im 19. Jhdt. als Erholungsort für britische Kolonialbeamte gegründet und bis heute diesen Flair ausstrahlend, in der Zentralprovinz in reizvoller Mittelgebirgslandschaft auf fast 2.000 m Höhe gelegen, ist mit einem für seine Lage nur 7° nördlich des Äquators sehr gemäßigten Klima gesegnet. Der hier angebaute Orange-Pekoe-Tee gilt als der beste des Landes.

2004

MALEDIVEN

Male, Hauptstadt eines Landes aus 1.196 kleinen Inseln und Atollen, die sich wie Perlen im Indischen Ozean südlich der Lakkadiven (Laksha Dweep, „Hunderttausendinseln") über 870 km von Nord nach Süd bis nahe an den Äquator aufreihen und von denen ca. 150 zu luxuriösen Touristenresorts ausgebaut wurden, während 220 Inseln den diktatorisch regierten Einheimischen vorbehalten sind.
Der Holzmarkt in der Landeshauptstadt ist ein für Besucher ungewöhnlicher Anblick in diesem tropisch-warmen Land, dessen höchste Erhebung ein 5,1 m hoher „Berg" ist.

1985

Portraits der Kontinente — 1966 bis 2018

PAKISTAN

*Ein Land, das seit seiner Unabhängigkeit von Britisch-Indien im Jahr 1947 von permanenter Instabilität sowie von der Diskriminierung von Frauen und religiösen Minderheiten geprägt ist; ein bloßes Gerücht ohne Beweise kann für ein Todesurteil reichen (Lynchjustiz oder staatliche Justiz). Beachtenswerte Sehensürdigkeiten gibt es kaum, obgleich das Land mit dem K2 (dem zweithöchsten Berg der Erde) im Karakorum im Norden und heißwüstenhaften Gebieten im Süden (einem Teil des Rann of Kachchh / Rann of Kutch) über sehr unterschiedliche Landschaften verfügt.
Lahore, Shalimar Garden.*

1969

AFGHANISTAN

Das Land am Hindukusch, wie Afghanistan manchmal genannt wird, ist landschaftlich wie auch kulturell weitgehend von Hochgebirge geprägt; mehrere ethnische Gruppen, von denen die Paschtunen dominieren, bilden jedoch keine echte staatliche Einheit. Fremden Mächten ist es – insbesondere wegen der geografischen Gegebenheiten – nie gelungen, das Land zu erobern. Der Shibar-Pass, ca. 100 km nordwestlich der Haupstadt Kabul auf 3.000 m Höhe gelegen, war Ort dieses Fotos einer Kamelkarawane.

1967

WELT-BILDER

AFGHANISTAN

Ghazni, spielende Kinder bei einer Wasserstelle nahe der alten Stadtmauer um die Burg Balahesar, der Zitadelle im Norden der Stadt.

1967

TAJIKISTAN

Takfon, 75 km nördlich der Hauptstadt Duschanbe (persisch für „Montag") an der Serafschankette gelegen, die sich durch den gesamten Norden Tajikistans im Osten bis Kirgistan und im Westen bis ins benachbarte Usbekistan erstreckt.
Zentrum des in einem engen Fluss gelegenen kleinen Ortes.

2012

Portraits der Kontinente — 1966 bis 2018

KIRGISTAN

Burana, im Norden des Landes wenige Kilometer südlich der Grenzstadt Tokmok in einer weiten Talebene stehendes, ursprünglich wohl mehr als 40 m hohes, nach einem Erdbeben jetzt nur noch fast 22 m hohes Minarett (Karakhanid-Minarett) aus dem 10. / 11. Jhdt. Die Reste einer zur Gesamtanlage gehörenden doppelten Wehrmauer, weiterer Gebäude, kleiner Steinfiguren mit Gesichtszügen sowie Fragmenten von Wasserleitungen sind heute ein Museum.

2010

KASACHSTAN

Das Ustjurt-Plateau erstreckt sich vom Aral-See bis zum Kaspischen Meer über eine Fläche von ca. 180.000 km² in den Ländern Usbekistan, Turkmenistan und Kasachstan. Die markanten Felsen des Urochishche Bozzhyra stehen weit im Westen im Ustyurt National Preserve 50 km nördlich des Wüstenortes Ak-Kuduk.

2010

WELT-BILDER

USBEKISTAN

Schiffswrack am (ehemaligen) Aral-See, der in der Folge ideologiegeleiteter, verfehlter politischer Entscheidungen während der Sowjet-Herrschaft unter dem Tyrannen Josef Stalin — Umleitung der Flüsse Amudarja und Syrdarja für den Baumwoll-Anbau in Usbekistan und in Kasachstan — nurmehr eine weitgehend verlandete Salzwüste ist.

2018

TURKMENISTAN

Aşgabat, Hauptstadt eines turksprachigen Landes mit reichen Erdgasvorkommen, das nördlich von Iran ans Kaspische Meer und im Osten an Afghanistan grenzt, liegt in einer Oase in der Wüste Karakum. Das Unabhängigkeitsdenkmal Mizemez Turkmen Binasy in einem großzügigen Park am südlichen Stadtrand erinnert u.a. mit Herrscherstatuen, darunter eine überlebensgroße, vollständig vergoldete und von vier goldenen Adlern eingerahmte des ersten Präsidenten Saparmyrat Nyýazow (1940-2006), an die Loslösung des Landes von der Sowjetunion am 27. Oktober 1991.

2013

Portraits der Kontinente — 1966 bis 2018

TURKMENISTAN

Die Lebenswirklichkeit der Menschen außerhalb der Hauptstadt steht bisweilen in einem augenfälligen Kontrast zu dem, was das Unabhängigkeitsdenkmal (siehe das Bild auf S. 68 unten) suggerieren möchte. Nokhur (Nohur) ist ein kleiner Ort 135 km nordwestlich von Aşgabat, im Gebirge gelegen— mit einer mächtigen alten Platane als Sehenswürdigkeit.
Im Bild links: Geschäft im Ortszentrum.

2013

IRAN

Persepolis, die „Stadt der Perser", so die Übersetzung des griechischen Namens der im Jahr 520 v.Chr. gegründeten Stadt im südlich-zentralen Iran unweit von Schiras, war einst eine Hauptstadt des Perserreichs. Im Jahr 330 v.Chr. von Alexander dem Großen zerstört, wurden 1971 während der Herrschaft des letzten Shahs Reza Pahlavi Teile restauriert.
Detail eines Reliefs der Apadana-Stiegenaufgänge.

1968

WELT-BILDER

IRAN

Bandar Abbas an der Straße von Hormus, der Verbindung zwischen Persischem Golf und dem Golf von Oman bzw. Indischem Ozean.
Die Imamzade Seyyed Mozzafar Moschee und Schrein am Emam Khomeini Blvd. ist im typisch persischen Stil gehalten.

2005

IRAN

Bijar (Bidschar) in Kordestān im Nordwesten des Landes, wegen seiner Lage in über 1.900 m Höhe das „Dach des Iran" genannt, ist bekannt als ein Zentrum der Produktion von Teppichen in herausragender Qualität. Die Wohnsiedlung am Stadtrand macht, im Gegensatz zur gepflegten Stadt, einen ärmlichen Eindruck.

2005

Portraits der Kontinente — 1966 bis 2018

ASERBAIDSCHAN

Das Land zwischen Kaukasus und Kaspischem Meer, eine ehemalige Teilrepublik der Sowjetunion, ist stark von der Erdöl- und Gasindustrie abhängig. Auf der Abşeron-Halbinsel, wo auch die Hauptstadt Baku liegt, sind Ölfelder, Pumpen und Fördertürme ein allgegenwärtiger Anblick.

2011

ARMENIEN

Wagharschapat, von 1945 bis 1992 auch unter dem Namen Etschmiadsin (Echmiadzin) bekannt und Sitz des Katholikos Aller Armenier, war im 2. bis 4. Jhdt. die Hauptstadt von Hajastan, wie das Land am Kaukasus und östlicher Nachbar der Türkei in der Landessprache heißt. Die Kathedrale der Stadt liegt im Süden in einem kleinen Park an der Araratyan-Straße, umgeben von einem Bildungszentrum, einem Museum und der Residenz des Pontifex.

2011

WELT-BILDER

TÜRKEI

Die Kalksinterterrassen von Pamukkale (Baumwollburg) bei der antiken griechischen Stadt Hierapolis im Südwesten der Türkei sind eine der spektakulärsten Sehenswürdigkeiten des Landes.
Mehrere Hotels, die einst oberhalb errichtet waren, mussten nach und nach weichen, da ständige Wasserentnahme für den Hotelbetrieb die Terrassen stark in Mitleidenschaft gezogen hatte, und 1998 wurde das letzte von ihnen geschlossen.

1993

TÜRKEI

Uçhisar in Kappadokien ist, wie auch das benachbarte Göreme, Ort der Feenkamine, jener Erdpyramiden aus Tuffstein, in denen Höhlenwohnungen eingerichtet sind. Außer einem 60 m hohen Burgfelsen bietet die Stadt selbst jedoch keine Attraktionen, wie die Ortsszene auf dem Bild verdeutlicht.

1970

Portraits der Kontinente — 1966 bis 2018

SYRIEN

Palmyra (Tadmur), eine antike römische Oasenstadt im Zentrum des heutigen Syrien und, neben der Altstadt von Aleppo, einst Hauptattraktion des Landes, wurde im Jahr 2015 durch die Terrortruppe „Islamischer Staat" (IS / Daesh) schwer beschädigt, der Triumphbogen (Hadrianstor mit Kolonnade im Bild links) sowie weitere Gebäude auf dem Areal wurden zerstört.

1984

SYRIEN

Hama, am Fluss Orontes (Nahr al-'Asi) zwischen Damaskus und Aleppo, ist eine der ältesten durchgehend besiedelten Städte des Landes.
Die Schöpfräder (Norias) am Orontes, mit Durchmessern bis 27 m, gehen auf die Zeit der Aramäer im 5. Jhdt. v.Chr. zurück.

1993

WELT-BILDER

KUWAIT

Das kleine Emirat, in der Wüste zwischen Iraq im Norden und Saudi-Arabien im Süden (mit dem es sich eine Neutrale Zone teilt) am Persischen Golf gelegen, ist wirtschaftlich von Erdöl abhängig. Die Tier- und Pflanzenwelt des Landes bietet eine sehr geringe Artenvielfalt, Sehenswürdigkeiten gibt es fast keine.
Die Wassertürme in Kuwait City, der Hauptstadt, in der mehr als 70 % der Kuwaitis leben, sind ein optisch und architektonisch markantes Highlight.

2001

BAHRAIN

Das Königreich aus einer großen und 32 kleinen Inseln im Persischen Golf zwischen Katar und Saudi-Arabien stützt sich wirtschaftlich auf Erdöl, Erdgas und Aluminium. A'ali liegt zentral im besiedelten Nordteil der Hauptinsel; der Süden sowie die Hawar-Inseln unmittelbar vor der Küste Katars sind nur dünn bis gar nicht besiedelt. Das Foto des Töpferdorfs von A'ali steht in starkem Kontrast zum Reichtum des Landes.

1993

Portraits der Kontinente — 1966 bis 2018

VEREINIGTE ARABISCHE EMIRATE

Fujairah, eines der sieben Emirate der VAE, liegt am Golf von Oman südlich der Straße von Hormus. Das groß dimensionierte landestypische Monument aus Kaffeekanne und Trinkbechern in einem Kreisverkehr spiegelt einen wichtigen kulturellen Aspekt der VAE wider.

1993

OMAN

Das Sultanat im Südosten der Arabischen Halbinsel ist eine absolute Monarchie, dessen Minister und Parlament politisch machtlos sind. In dem wirtschaftlich prosperierenden Land leben, neben der arabischen Bevölkerung, fast 50 % Immigranten insbesondere aus Indien. Das Klima in dem teils gebirgigen, teils wüstenhaften Land ist feucht-heiß bis trocken-heiß. Die Festung Nakhal (Nachl) im gebirgigen Nordosten und 60 km von der Hauptstadt Maskat entfernt (die nicht Namensgeber der Muskatnuss ist), wurde im 17. Jhdt. auf den Fundamenten älterer Burgen neu errichtet.

1993

WELT-BILDER

JEMEN

Die Republik Jemen, südlich von Saudi-Arabien, gilt derzeit (im Jahr 2025) als gescheiterter und zerfallener Staat; das politische System ist repressiv, die wirtschaftliche Situation sehr schwach.
Im Land grenzen die holarktische (nördliche) und die paläotropische (südliche) Vegetationszone aufeinander; es ist Lebensraum für mehrere endemische Tier- und Pflanzenarten.
Sana'a, die de-jure-Hauptstadt in 2.200 m Höhe, ist berühmt für Häuser in Lehmarchitektur in der Altstadt.

1993

SAUDI-ARABIEN

Dschidda (Jeddah, Ǧidda), Hafenstadt am Roten Meer in der Provinz Mekka; traditionelle Häuser in der Altstadt.
In diesem Jahr (1974) war Saudi-Arabien ein für nicht-muslimische Touristen noch weitestgehend verschlossenes Land. Die Einreise gelang Volkmar Janicke während einer Rückreise von Südost-Asien nur mit einiger Überredungskunst.
Menschen zu fotografieren war — gemäß islamischem Gesetz — offiziell verboten.

1974

Portraits der Kontinente — 1966 bis 2018

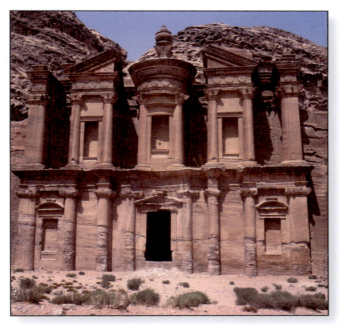

JORDANIEN

Jordanien, ein im Vergleich zu seinen Nachbarländern liberales und rechtsstaatliches Land und parlamentarische Monarchie, besteht zu einem großen Teil aus Wüste; im Süden hat es in der Stadt Akaba Zugang zum Meer, im Westen liegt es beim Toten Meer am tiefsten Festlandspunkt der Erde. Petra, „Der Felsen" und in der Antike die Hauptstadt des Reiches der Nabatäer, ist mit seinen monumentalen, aus dem Fels herausgearbeiteten Grabtempeln ein außergewöhnlicher Ort.
Ed-Deir, „Das Kloster", ist ein 39 m hoher Nabatäer-Tempel im Südwesten des Landes.

1987

JORDANIEN

Das Wadi Rum, ein nur zeitweise wasserführendes Flusstal östlich der Stadt Akaba, ist Teil des den Afrikanischen Kontinent durchziehenden, sich im Roten Meer fortsetzenden und bis nördlich des See Genezareth im Jordangraben erstreckenden Grabenbruchs, des Great Rift Valley.
Das Portrait eines Mädchens entstand in dieser kargen Landschaft.

1994

WELT-BILDER

ÄGYPTEN

Sinai, eine Halbinsel am Übergang von Asien zu Afrika. Das Katharinenkloster („Heiliges autonomes königliches Sankt-Katherinen-Kloster des heiligen, von Gott betretenen Berges Sinai") im gebirgigen Süden nahe des Mosesbergs, ist seit der Spätantike dauerhaft bewohnt und wurde nie zerstört. Es beherbergt u.a. eine große Ikonensammlung, alte Handschriften und Bücher.

1988

ÄGYPTEN

Sakkara, 16 km südöstlich der bekannteren Pyramiden von Gizeh. Die Stufenpyramide des Djoser (Regierungszeit ca. 2720 bis 2700 v. Chr.) ist ein 60 m hohes Bauwerk in einer Umgebung mehrerer Pyramiden unterschiedlicher Bauart. Im südlichen Nachbarland Sudan — dem eigentlichen Land der Pyramiden — gibt es sie in sehr großer Zahl.

1974

Portraits der Kontinente — 1966 bis 2018

AFRIKA

LIBYEN

Gaberoun, 680 km südlich der Hauptstadt Tripolis im westlich-zentralen Landesteil gelegen, ist ein Oasenort; der Gaberoun-See (mit sehr hohem Salzgehalt) bedeckt eine Fläche von 9 ha und ist 26 m tief. Die Sanddünen in seiner Umgebung sind bis zu 80 m hoch.

1994

TUNESIEN

In Matmata, einem Berberdorf wenige km südlich des Atlas-Gebirges und 36 km westlich des Golfs von Gabés im Djebel-Dahar-Bergland, befinden sich vor ca. 400 Jahren in kesselartige Gruben in den Sandstein gegrabene Höhlenwohnungen, die heute teils als außergewöhnliche Hotelunterkünfte genutzt werden.
Eine junge Frau führt eine traditionelle Getreidemühle in einer Höhlenwohnung vor.

1994

WELT-BILDER

ALGERIEN

Tassili n'Ajjer, ein 500 km langes Sandsteingebirge im Südosten Algeriens, also mitten in der Sahara, reicht bis in Höhen von über 2.100 m. Fast 300 Felsbögen, aber auch Tafelberge prägen die Landschaft, deren Umgebung bis vor 5.000 Jahren noch eine Savanne war, die sich aufgrund einer damaligen Klimaänderung in eine große Sand- und Geröllwüste wandelte. Prähistorische Felsmalereien, die auf mehr als 9.000 Jahre datiert werden konnten, zeugen von früher Besiedelung.

1982

MAROKKO

Agadir („Speicherburg"), im Jahr 1505 von portugiesischen Seefahrern gegründet und in der Schrift der Tuareg, dem in Marokko und einigen weiteren Ländern bis heute verwendete Tifinagh ⵜⵉⴼⵉⵏⴰⵖ geschrieben, liegt unmittelbar nördlich des Oued Souss am Atlantik.
Argan-Bäume, die endemisch in Marokko, Algerien, Westsahara und Mauretanien gedeihen, werden von Ziegen gern als Nahrungsquelle erklettert. Das Öl, als Brotbeilage und Salatöl, aber teils auch für Kosmetikprodukte verwendet, wird aus den getrockneten Früchten gewonnen.

1991

Portraits der Kontinente — 1966 bis 2018

MAROKKO

Aït-Ben-Haddou, ein Ksar (befestigte Stadt) in der Mitte Marokkos am nur zeitweise wasserführenden Fluss Asif Ounila. Die Kasbah Tebi auf der gegenüberliegenden Seite des Flusses ist eine Festung in einem für Marokko typischen Baustil.

1991

WESTSAHARA

*Das nach staatlicher Souveränität strebende, von Marokko beanspruchte Territorium ist seit Jahrzehnten ein Streitobjekt. Der Phosphat-Tagebau ist wirtschaftlich für das Land von großer Bedeutung, ansonsten wird es weitgehend mit Steuermitteln aus Marokko subventioniert.
Dakhla, auf einer 39 km langen, schmalen Halbinsel am Atlantik gelegene südlichste Stadt der Westsahara, ist bei Surfern beliebt; Bootsbau ist fürs Hochseefischen unabdinglich.*

1997

WELT-BILDER

MAURETANIEN

Nouadhibou, geschützt an der Ostküste einer 45 km langen, schmalen Halbinsel im äußersten Nordwesten direkt an der Grenze zur Westsahara, ist das wirtschaftliche Zentrum des Landes und Verladestation für das beim 500 km entfernten Zouérat am Berg Kediet Ijill abgebaute Eisenerz. Von dort wird es auf der einzigen Eisenbahnlinie des Landes herantransportiert.

1997

MALI

Das Land mit acht Amtssprachen und kulturellem Reichtum, dessen nördlicher Teil in der trockenen Sahara und dessen südlicher Teil im feuchtwarmen Sahel, der Sahelzone liegt — der Fluss Niger durchquert das Land hier auf 1.700 km —, ist dünn besiedelt, trotz seines Goldreichtums wirtschaftlich schwach und politisch instabil. Die Vorratshäuser in Djenné sind an die geografischen Gegebenheiten angepasst.

1997

Portraits der Kontinente — 1966 bis 2018

SENEGAL

Gorée, der „Sichere Hafen", so die Übersetzung des aus dem Niederländischen Goede Reede abgeleiteten Namens der kleinen, dichtbebauten Insel vor der Hauptstadt Dakar, war einst angeblich Ausgangspunkt der Verschleppung von Sklaven über den Atlantik nach Amerika – was jedoch als widerlegt gilt.
Das Sklavenhaus Maison des Esclaves war tatsächlich wohl ein 1783 errichtetes bürgerliches Handelshaus mit Wohnungen und Büroräumen; es ist dennoch ein Erinnerungsort für die Geschichte des atlantischen Sklavenhandels.

1986

GAMBIA

Der Fluss, nach dem das Land benannt ist und an dem es sich entlangschlängelt, einspringt bei Labé im Bergland Fouta Djallon in Guinea, überquert bei Sanbangal die Grenze zu Senegal und fließt zwischen den Dörfern Bantantinty und Koina Richtung Westen nach Gambia, dem kleinsten Land des afrikanischen Festlands.
Die Wasserstelle in einem Dorf spiegelt den Entwicklungsstand weiter Teile des Landes wider, in dem es keine Bodenschätze gibt und dessen Haupteinnahmequellen Landwirtschaft, Tourismus und Fischerei sind.

1986

WELT-BILDER

GUINEA-BISSAU

Das Land an der Westküste des Afrikas, die hier, im Gegensatz zur übrigen Küstenlinie des Kontinents auffallend zerlüftet ist, was auf einen Kometeneinschlag vor 66 Millionen Jahren zurückgeführt wird, verfügt über keine Industrien, nur Cashew-Nüsse sind ein Exportgut.
Hirse stampfen ist eine mühsame Arbeit dort, wo es keine Mühlen zum Zerkleinern des mineralienreichen Getreides und Grundnahrungsmittels gibt.

1986

SIERRA LEONE

Das an Bodenschätzen reiche Land, in der Monsunzone gelegen und mit reichlich Niederschlägen versorgt, ist eines der ärmsten weltweit, im Kampf gegen Korruption sind jedoch einige gute Erfolge zu verzeichnen. Die Landwirtschaft ist für die Selbstversorgung von großer Bedeutung; exportiert werden Kaffee, Palmkerne und Kakao.
Der Cotton Tree, ein Kapokbaum in der Hauptstadt Freetown, ein Symbol des Landes und auf einer Banknote verewigt, wurde am 24. Mai 2023 bei einem Sturm zerstört.

1986

Portraits der Kontinente — 1966 bis 2018

LIBERIA

Liberia, im Tropengürtel mit sehr reicher Flora und Fauna gelegen, ist, neben Äthiopien, das einzige afrikanische Land, das von Europäern nie kolonisiert wurde; Staatsbürger müssen lt. Art. 27 der Verfassung «persons who are Negroes or of Negro descent [...] by birth or by naturalization» sein.
(https://www.liberianlegal.com/constitution1986.htm#_Article_27)
Das Joseph J. Roberts Monument mit dem Relief „Befreite Sklaven" auf dem Ducor Hill in Monrovia erinnert an Joseph Jenkins Roberts (1809–1876), den ersten Präsidenten.

1986

BURKINA FASO

Bobo-Dioulasso im fruchtbaren Südwesten des „Landes des aufrichtigen Menschen", so die Bedeutung des Namens Burkina Faso, ist Handels- und Industriezentrum. Ein erhaltenes Haus aus dem 11. Jhdt. zeugt von früher Bedeutung des Ortes.
Die Lehmbauweise der Moschee ist typisch für das westliche Afrika.

1997

WELT-BILDER

NIGER

Niamey, im frühen 20 Jhdt. unter französischer Herrschaft angelegte Hauptstadt im Südwesten Nigers am gleichnamigen Fluss in der Sahelzone südlich der Sahara, in der der weitaus größte Teil des Landes liegt. Ein großer Töpfermarkt unter freiem Himmel ist Symbol für die infrastrukturelle Situation der Stadt, in der es keine größeren Warenhäuser, bedeutende Industriebetriebe oder internationale Unternehmenszentralen gibt.

1985

GHANA

Accra, ursprünglich Ga oder Gaga („Wanderameise") genannt, ist der von Europäern eingeführte und nun gebräuchliche Name der Hauptstadt an der Atlantikküste, mit Nationaltheater, Nationalmuseum, Akademie der Künste und Wissenschaften, Universität, Fachhochschule, Nationalarchiv und Ghanas Zentralbibliothek. Holzschnitzereien sind ein beliebtes Mitbringsel.

1997

Portraits der Kontinente — 1966 bis 2018

TOGO

Vogan, im Süden des Landes an einem schmalen Fluss gelegen, der 12 km südlich in die Lagune des Lac Togo mündet. Ein Fetischmarkt steht für die Voodoo-Religion, die in dem Land mit Religionsfreiheit von großer Bedeutung ist.

1986

SÃO TOMÉ UND PRÍNCIPE

Der aus zwei großen und ein paar sehr kleinen Inseln bestehende Staat im Atlantik vor der Küste Äquatorial-Guineas und Gabuns ist nur 1.001 km² groß.
In Ribeira Peixe, einem Dorf im Südosten der Hauptinsel, dessen Name auf die einstige Kolonialmacht Portugal hinweist, zu der São Tomé und Príncipe gute und enge Beziehungen pflegt, wird Palmöl mit einfachen Geräten gewonnen. Wichtigstes Exportgut ist jedoch Kakao.

1997

WELT-BILDER

GABUN

Das Land am Äquator ist großenteils von tropischem Regenwald bedeckt; der Export von Erdöl, das vor der Küste im Atlantik gefördert wird, ist wichtigste Einnahmequelle des dünn besiedelten, sehr rohstoffreichen Gabun.
Lambarene, an einer Aufweitung des Flusses Ogooué, ist der Ort, bei dem der elsässische Arzt, Organist, Theologe und Friedensnobelpreisträger Albert-Schweitzer im Jahr 1913 ein Hospital baute. Das Haus ist heute ein Museum; das Krankenhaus wurde 1981 durch einen großen Neubau in der Stadt ersetzt.

1997

ZENTRAL-AFRIKANISCHE REPUBLIK

Zentralafrika, von 1976 bis 1979 ein Kaiserreich mit einem Potentaten, der sich die Krone selbst aufgesetzt hatte, verfügt über nur wenige Rohstoffe, eine schwache Verkehrsinfrastruktur und kaum Entwicklungsmöglichkeiten — es ist ein gescheiterter und zerfallender Staat.
Das Foto einer Rinderherde – Ankole-Watussi- oder Longhorn-Rinder (Buckelrinder) – bei der Hauptstadt Bangui mag symbolisch für das Land stehen.

1986

Portraits der Kontinente — 1966 bis 2018

KONGO (ZAIRE)

Kongo, zentral in Afrika gelegen, mit der Hauptstadt Kinshasa, war ab 1885 belgische Kolonie im Privatbesitz des Königs Leopold II. und wurde während dieser Zeit äußerst brutal und grausam beherrscht. 1960 erlangte es seine Unabhängigkeit, ist seither jedoch, trotz oder wegen immenser Rohstoffvorkommen, von politischer und sozialer Instabilität geprägt.
In Kalemie am Lake Tanganyika, in der ehemaligen Provinz Katanga, dienen Eisenbahngleise manchmal als Fußweg.

1976

KONGO (ZAIRE)

In manchen Dörfern sind bis heute die Sozial- und Stammesstrukturen früherer Zeiten erhalten.
In Kongolo, einem Dorf in der ehemaligen Provinz Katanga, hat sich ein Häuptling in Volkstracht zum Fototermin bereiterklärt.

1976

WELT-BILDER

KONGO (ZAIRE)

In der Hauptstadt Kinshasa, am Fluss Kongo und direkt an der Grenze zum Nachbarstaat Kongo (Brazzaville), arbeitet eine moderne junge Frau als Tourist Guide.

1976

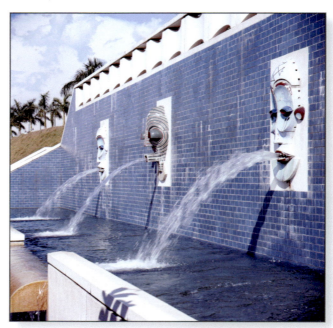

KONGO (ZAIRE)

Wasserspiele beim Präsidentenpark in Kinshasa.

1976

Portraits der Kontinente — 1966 bis 2018

UGANDA

Das Land zwischen Afrikanischem Grabenbruch (Great Rift Valley) und Lake Victoria, rohstoffreich mit prosperierender Wirtschaft und gutem Bildungssystem, hat ein wegen seiner Höhenlage am Äquator mildes Klima. An dem vor einigen Jahren restaurierten Äquator-Monument im Dorf Kayabwe, 4,5 km vom Lake Victoria entfernt, wird Besuchern heute die Wirkung der Corioliskraft demonstriert.

1987

ÄTHIOPIEN

Äthiopien, manchmal noch Abessinien genannt, ein multiethnischer Staat, blickt auf Dreitausend Jahre Kultur- und Zivilisationsgeschichte zurück, während der es, trotz mehrfacher gescheiterter Versuche, nie kolonisiert wurde. Es ist eines der frühchristlichen Länder.
Aksum (Axum) gilt als heilige Stadt; in der Zion-Kathedrale unweit des Stelenfelds mit dem Obelisken von Aksum wird die Bundeslade aufbewahrt. Die Kirche ist mit Wandmalereien reich dekoriert.

1974

WELT-BILDER

KENIA

Nairobi, in 1.661 m ü.d.M. gelegene Hauptstadt eines nicht sehr wirtschaftsstarken Landes am Indischen Ozean mit mehr als zwanzig Nationalparks und großer landschaftlicher Vielfalt, aber nur wenigen Rohstoffen, erbringt ein Fünftel der Wirtschaftsleistung Kenias, zu der der Tourismus einen großen Beitrag leistet.
Der Uhuru-Park im Stadtzentrum ist ein beliebter Freizeitpark; der markante Turm des Kenyatta International Conference Centre (KICC) sticht aus der Skyline heraus.

1986

TANSANIA

Sansibar, auf der Insel Unguja im Indischen Ozean, ist Hauptstadt des halbautonomen gleichnamigen tansanischen Teilstaats Sansibar.
Stone Town war im frühen 19. Jhdt. ein Knotenpunkt für den Sklavenhandel überwiegend in die Arabische Welt, der in der zweiten Hälfte des Jhdts. auf Druck europäischer Kolonialmächte, insbesondere Englands, unterbunden oder zumindest stark eingedämmt, in Arabien jedoch bis mindestens Mitte des 20. Jhdts. fortgeführt wurde und dessen Methoden sich im Umgang mit Arbeitsmigranten heute fortsetzen.
Die Alte Apotheke (Old Dispensary) im Norden von Stone Town an der Mizingani Rd. gegenüber dem Ferry Terminal, wurde Ende des 19. Jhdts. mit indischen und europäischen Stilelementen errichtet und beherbergt heute ein Museum.

2001

Portraits der Kontinente — 1966 bis 2018

TANSANIA

Kilimanjaro, in der Bantu-Sprache Chagga Kilima Ndjaro = „Berg des Wassers", Hauptgipfel Kibo, im Jahr 2025 (noch) schneebedeckter und mit dem 5.895 m hohen Uhuru-Peak nahe am Kraterrand des Vulkans höchster Berg Afrikas, liegt im Norden an der Grenze zu Kenia.

1986

TANSANIA

Serengeti, eine Savanne und in der Massai-Sprache etwa „Das endlose Land", erstreckt sich im Norden Tansanias über 30.000 km². Sie umschließt den fast 15.000 km² großen Serengeti-Nationalpark, einen der größten weltweit und der komplexesten und am wenigsten gestörten Ökosysteme Afrikas.

1986

WELT-BILDER

MALAWI

Am südlichsten See des Great Rift Valley gab es frühmenschliche Besiedlung bereits vor über zwei Millionen Jahren, steinzeitliche Felszeichnungen zeugen von langer Geschichte. Landwirtschaft und ein paar Bodenschätze sind heute die wirtschaftliche Grundlage des Landes; Korruption ist in der Gesellschaft jedoch fest verankert.
Fischer am Malawi-See setzen auf traditionelle Fangmethoden.

1986

SAMBIA

Das Land am Sambesi River, der von Nordwesten kommend in den Indischen Ozean fließt, lebt von Landwirtschaft und, in weit geringerem Maße, von Bergbau (Kupfer und Cobalt) sowie dem Export von elektrischer Energie.
Die Victoria-Fälle bei der Stadt Livingstone an der Grenze zu Zimbabwe sind die mächtigsten Wasserfälle des Kontinents. Auf einer Breite von 1.700 m stürzt das Wasser 108 m in die Tiefe. Grenzübergreifend unter Schutz gestellt, sind sie seit 1972 Teil des Mosi-oa-Tunya-Nationalparks und touristisch von großer Bedeutung.

1987

Portraits der Kontinente — 1966 bis 2018

ZIMBABWE

Bis 1963 in einer Föderation mit Sambia und Malawi vereint und bis 1979 als britische Kronkolonie Rhodesien die Kornkammer Afrikas, wurde das Land unter der Herrschaft des einstigen Reformers und Hoffnungsträgers Robert Mugabe ab den späten 1990er Jahren zielstrebig in den politischen und wirtschaftlichen Ruin getrieben.
Der Great Zimbabwe National Park, 4 km südlich des Lake Mutirikwi, erinnert an das Munhumutapa-Reich, dessen Blütezeit vom 11. bis zum 15. Jhdt. bestand.

1997

BOTSWANA

Zentral im südlichen Afrika gelegen, ist Botswana das demokratischste Land mit der geringsten Anfälligkeit für Korruption des Kontinents und übertrifft darin so manche westliche Industriestaaten. Die Fußgängerzone in der Hauptstadt Gaborone vermittelt diesen Eindruck eines gut entwickelten Landes mit hohem Lebensstandard.

1986

WELT-BILDER

NAMIBIA

*Das zweitdünnst besiedelte Land der Erde, bis 1918 eine deutsche Kolonie, ist eine stabile Demokratie; Bergbau, Fischerei, Landwirtschaft und Tourismus sind die bedeutenden Wirtschaftszweige.
Der Sossusvlei National Park an der südlichen Atlantikküste ist eine der vielen Attraktionen, die Dünenlandschaft in der Namib-Wüste zwischen den Städten Swakopmund und Lüderitz ist spektakulär.*

2000

NAMIBIA

Swakopmund ist ein beliebtes Seebad am Atlantik. Mehrere Gebäude in der Stadt am Fluss Swakop zeugen von der deutschen Kolonialgeschichte, darunter das Hohenzollernhaus, das Woermannhaus, das Alte Amtsgericht, die Alte Kaserne, die Evangelisch-Lutherische Kirche und der ehemalige Bahnhof, der zu einem Hotel umfunktioniert und umgebaut wurde.

2000

Portraits der Kontinente — 1966 bis 2018

NAMIBIA

Der Köcherbaumwald (Quiver Tree Forest) im Süden Namibias nordöstlich von Keetmanshoop, beim Giant's Playground, vereint ca. 300 der ansonsten vereinzelt stehenden, bis 5 m hohen Aloe-Gewächse.

2000

SÜDAFRIKA

Ein Staatenname, der die Lage des Landes auf einem Kontinent beschreibt, ist eine Seltenheit. Südafrika, das Land mit drei Hauptstädten und mehr als zehn Amtssprachen, lange Zeit eine Kolonie europäischer Mächte und kulturell wie geografisch sehr vielfältig, ist das wirtschaftlich erfolgreichste Land Afrikas.
Das Voortrekker-Denkmal mit dem Wagen-Relief in Pretoria erinnert an jene Epoche der Kolonialzeit, als der östliche Teil des heutigen Südafrika von Europäern in Besitz genommen wurde — freilich ohne dass die Einheimischen gefragt worden wären.

1986

WELT-BILDER

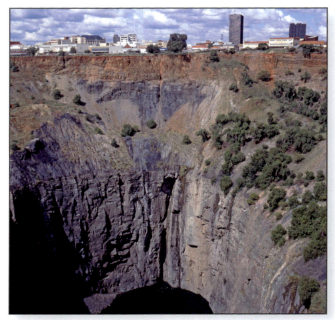

SÜDAFRIKA

Bei Kimberley, in zentraler Lage im Land, wurden im Jahr 1866 Diamanten gefunden, woraufhin ein Rush nach der Suche begann; heute sind die Diamantenminen von weit geringerer Bedeutung.
Das Big Hole im Zentrum der Stadt — hier wurden 2.722 kg Diamanten gefördert — gilt mit einer Tiefe von einst 240 m und einem Durchmesser von 460 m als das größte von Menschenhand gegrabene Loch der Erde.

1990

MADAGASKAR

Die große Insel vor der östlichen Küste des südlichen Afrika, mit einer auffällig großen Zahl an endemischen Pflanzen und Tieren, kulturell sowie ethnisch eher dem malaiisch-pazifischen Raum zuzurechnen, war einst dicht bewaldet. Wirtschaftlich gilt das Land als unterentwickelt.
In der Hauptstadt Antananarivo dominiert die Produktion von Nahrungsmitteln und Textilien; die Herstellung von Blütenpapier ist eine Nische.

1987

Portraits der Kontinente — 1966 bis 2018

SEYCHELLEN

Die Seychellen, mit 455 km² der kleinste Staat Afrikas, besteht aus 115 Inseln, davon 73 Koralleninseln, nördlich und nordöstlich von Madagaskar im Indischen Ozean. Das Land hat ein sehr gutes Bildungssystem, und es verfügt über eine hoch entwickelte touristische Infrastruktur, in der ca. 70 % der Einnahmen des Landes erwirtschaftet werden.
Die Granitblöcke am Strand von Baie Lazare auf der Hauptinsel Mahé gelten als ikonischer Inbegriff des Landes.

2001

SEYCHELLEN

Mahé, Grand Anse, Wohnhaus von Einheimischen abseits der Traumstrände. Der Schuppen neben dem Wohnhaus ist nur ein Zweckbau.

2001

WELT-BILDER

MAURITIUS

Der multi-ethnische Inselstaat im Indischen Ozean, bis 1968 von mehreren europäischen Kolonialmächten beherrscht, ist eine stabile Demokratie mit gut entwickelter Wirtschaft. Von üppigem Grün geprägt und von Korallenriffen umgeben, ist die Hauptinsel im Norden flach, im Süden bergig. Im Botanischen Garten von Pamplemousses im Nordwesten, dem ältesten auf der Südhalbkugel, gedeihen Victoria Regia (Riesenseerosen) in einem 100 m langen und 15 m breiten Wasserbecken.

2001

AUSTRALIEN

Der Kontinent zwischen Indischem und Pazifischem Ozean umfasst außer dem gleichnamigen Staat auch die nördlich gelegene Insel Neuguinea, die Vogelkopfinsel, die sich Indonesien und Papua-Neuguinea teilen. Im Folgenden ist der Staat gemeint. Nullarbor (lat. nulla arbor = kein Baum), eine große Ebene in Western und South Australia, ist zwar nicht baumlos, aber mit sehr langen und sehr geraden Straßen sehr eintönig. Das Verkehrsschild warnt vor Wildwechsel.

1998

Portraits der Kontinente — 1966 bis 2018

AUSTRALIEN
OZEANIEN

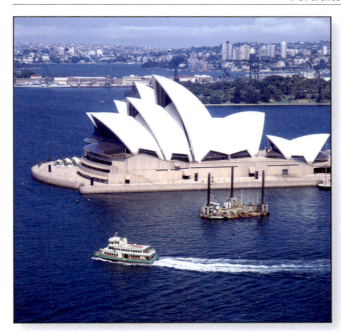

AUSTRALIEN

Sydney in New South Wales an der stark zerklüfteten Bucht des Parramatta River, 1788 gegründet, ist heute zweitgrößte Stadt und ökonomisches Zentrum des Landes.
Das Sydney Opera House am Hafen, eines der Symbole des Landes, wurde 1973 eröffnet.

1991

AUSTRALIEN

Uluru, eine Zeitlang Ayers Rock genannt, ein ca. 350 m hoch aus der Ebene aufragender Sandsteinmonolith im Südwesten des Northern Territory, ist den Ureinwohnern des Landes heilig; ihn zu erklimmen ist seit Oktober 2019 nicht mehr erlaubt, er kann aber auf einem gekennzeichneten Weg umrundet werden. Seine Farbe schwankt je nach Tageszeit und Wetter stark.
Im umgebenden 1.326 km² großen Uluru-Kata Tjuta National Park liegen unweit des Uluru die Felskuppen des Kata Tjuta (Mount Olga).

1991

WELT-BILDER

AUSTRALIEN

Coober Pedy in South Australia, in der Sprache der Einheimischen mit der Bedeutung „white man's hole", ist die Opal-Hauptstadt der Welt. Viele Wohnungen und Hotels und sogar Kirchen liegen, wegen der oft sehr hohen Außentemperaturen, unterirdisch in Wohnhöhlen, die in den tonigen Boden gegraben oder gefräst werden.
Manche Opalminen sind bereits erschöpft und verlassen...

1991

AUSTRALIEN

Die Sydney Monorail, eine Einschienen-Hochbahn, von 1988 bis 2013 in Betrieb, wurde nach anhaltenden Protesten von Anwohnern, über deren Häuser sie streckenweise verkehrte, eingestellt.

1995

Portraits der Kontinente — 1966 bis 2018

AUSTRALIEN

Twelve Apostles, „Zwölf Apostel" im Süden von Victoria an der Bass Strait, sind bis 60 m hohe Kalksteintürme. Ursprünglich – und entgegen des Namens – neun an der Zahl, stürzte im Juli 2005 einer von ihnen aufgrund natürlicher Erosion ein; da waren's nur noch acht.

1998

AUSTRALIEN

Die bis zu 4 m hohen Pinnacles im Nambung National Park, 245 km nördlich von Perth in Western Australia und 5 km von der Küste des Indischen Ozeans entfernt, entstanden aus Quarzsand und den Säuren abgestorbener Organismen sowie durch Wassereinwirkung, mit darin gelösten Mineralen, aus einer dadurch zementierten Kalksteinschicht. Das Areal der Pinnacles im 184 km² großen Nationalpark ist 4 km² groß.

1998

WELT-BILDER

AUSTRALIEN

Unweit der Hafenstadt Darwin (220 km östlich) im Northern Territory, liegt der Kakadu National Park.
Am Nourlangie Creek ragen Sandsteinfelsen aus der Ebene; der Anbangbang Rock Shelter birgt Felszeichnung der Aborigines, die hier bereits vor mehreren Zehntausend Jahren siedelten.

1998

AUSTRALIEN

Buschfeuer in Western Australia.
Die Aborigines haben zur Vermeidung nicht beherrschbarer, bedrohlicher großer Buschfeuer stets absichtllich kontrollierte und beherrschbare Buschbrände gelegt.

1972

Portraits der Kontinente — 1966 bis 2018

AUSTRALIEN

Der Wave Rock in Western Australia, 15 m hoch und 110 m lang, entstand durch Erosion bzw. Auswaschung (herablaufendes Wasser) während Jahrmillionen an der Abbruchkante einer kleinen Granitformation.

1998

AUSTRALIEN

Für Autofahrten durch das weite Land ist die Mitnahme reichlicher Benzinmengen unerlässlich.
Kein Benzin auf die nächsten 500 Kilometer am Tablelands Highway im Barkly Tableland, Northern Territory.

1998

WELT-BILDER

AUSTRALIEN

Licuala-Regenwald in Queensland. Die Licuala-Strahlenpalme oder Fächerpalme (Licuala ramsayi), ein bis 16 m hoher Baum, ist ein Endemit im nordöstlichen Queensland. Die Palme gedeiht in Sümpfen, an Flussläufen und im Regenwald. Kasuare, große flugunfähige Laufvögel, ernähren sich u.a von den Früchten dieser Palme.

1998

AUSTRALIEN

In Cooma in New South Wales, nahe den Snowy Mountains, einem Skigebiet, findet alle vierzehn Tage eine Schaf-Auktion statt.

1998

Portraits der Kontinente — 1966 bis 2018

PAPUA-NEUGUINEA

Bestehend aus dem östlichen Teil der Vogelkopfinsel sowie einigen Inseln in der Bismarck- und der Salomonensee, ist Papua-Neuguinea ein Land von sehr großer Vielfalt. An die Tausend kleine Volksgruppen mit jeweils eigener Sprache und Kultur sowie eine außergewöhnlich große Zahl an Tieren und Pflanzen, darunter viele endemische Arten, prägen das Land.
Tari ist eine kleine Stadt in den Bergen im Zentrum der Hauptinsel; der Mann mit Hut / Perücke repräsentiert die dortige Kultur.

1987

PALAU

Palau, unmittelbar am Marianengraben im Pazifik nördlich von Indonesien und östlich der Philippinen, war bis 1994 ein Treuhandgebiet der USA.
Koror ist eine der kleineren unter den 356 von Korallenriffen umgebenen Inseln; das Wandbild ziert den Giebel des Belau National Museum im Hauptort Koror.

1995

WELT-BILDER

GUAM

Die Insel, vor 3.500 Jahren von den Philippinen aus besiedelt, ist ein Außengebiet der USA.
Bei Hagåtña, der Haupstadt, erinnert ein Denkmal am Asan Beach an den Zweiten Weltkrieg.

1995

MIKRONESIEN

Yap, eine kleine Inselgruppe direkt am Marianengraben, zu den Föderierten Staaten von Mikronesien gehörig, ist der westlichste Teil dieser pazifischen Bundesrepublik.
In Baleabaat' ist das Steingeld Rai, dessen Herstellung im Jahr 1931 eingestellt wurde, noch in Gebrauch.

1999

Portraits der Kontinente — 1966 bis 2018

MIKRONESIEN

Chuuk, innerhalb Mikronesiens ein eher wenig entwickelter Teilstaat mit einer Landfläche von 127 km², lebt vorwiegend von der Subsistenzwirtschaft seiner Einwohner. Weno, die Hauptinsel, liegt zusammen mit den übrigen Inseln von Chuuk, in einem Atoll.
Blick von Moen, so der frühere Name, auf eine kleine Nachbarinsel.

1995

NAURU

Der aus nur einer Insel bestehende Staat mit einer Fläche von 21 km² liegt auf einem gehobenen Atoll und ist vulkanischen Ursprungs.
Der Phosphat- (Guano-) Abbau garantierte dem Land über Jahrzehnte eine so üppige Einnahmequelle, dass die Einwohner bei Steuer- und sonstiger Abgabenfreiheit sowie gebührenfreier Gesundheitsversorgung weit über ihre Verhältnisse lebten.

1987

WELT-BILDER

TUVALU

Mehrere weit verstreute kleine Atolle (6) und Inseln (3) im Pazifik, von Nord bis Süd über 600 km verteilt, manche aufgrund des ansteigenden Meeresspiegels kleiner, andere durch Sedimentation größer werdend, sind in Tuvalu zu einem Staat vereint. Die Internet-TLD des Landes, .tv, wird – gegen Gebühr – oft von Fernsehsendern verwendet.
In der Hauptstadt Funafuti wird, wie auch in anderen Regionen des Pazifiks, Toddy (Palmwein) gewonnen.

1999

VANUATU

Erdbeben, Vulkanausbrüche und verheerende tropische Stürme gehören auf den seit Jahrtausenden bewohnten Inseln von Vanuatu beinahe zum Alltag.
Auf der zentralen Insel Efate, in der Hauptstadt Port Vila, wurden Baumtrommeln / Schlitztrommeln als Signalinstrumente vor einem Versammlungshaus errichtet.

1995

Portraits der Kontinente — 1966 bis 2018

VANUATU

Vielleicht nicht jedermanns Geschmack: Auf der Insel Tanna gelten Holzwürmer (Insektenmaden) als lokale Delikatesse.

1995

NEUKALEDONIEN

Der Name des französischen Überseegebiets wurde vom Seefahrer, Kartographen und Entdecker James Cook vergeben, der sich beim Anblick des Nordens der Insel an Schottland erinnert fühlte.
In der Hauptstadt Nouméa lädt das Musée de Nouvelle-Calédonie zum Verweilen und zum Erkunden der Kultur der Einheimischen ein.

1995

WELT-BILDER

NEUKALEDONIEN

Nouméa, politische Parole an einer Hauswand:
«La Kanaky aux Kanaks, la France aux Français» (Kanaky für die Kanaker, Frankreich für die Franzosen).
Das Wort „Kanaken" bedeutet in der Sprache der Einheimischen nur „Menschen".

1995

FIJI

Zwei große und mehrere kleine Inseln im Südpazifik, seit mehr als 3.000 Jahren bewohnt, bilden den seit 1970 von Großbritannien unabhängigen Staat. Ethnische Konflikte zwischen melanesischen und indischstämmigen Einwohnern haben die jüngere Geschichte beeinflusst.
In Sigatoka im Süden der Hauptinsel Viti Levu werden Töpferwaren in Handarbeit hergestellt.

1995

Portraits der Kontinente — 1966 bis 2018

SAMOA / WESTSAMOA

Samoa – der Klang des Namens regt zu Südsee-Träumen an (die, wie in manchen anderen tropischen Ländern, von der Lebenswirklichkeit geradegerückt werden können). Im Jahr 1980, als das Foto entstand, hieß das Land noch Westsamoa; die Datumsgrenze verläuft zwischen diesen Inseln und dem benachbarten Amerikanisch-Samoa.
In der Hauptstadt Apia auf der Insel Upolu bietet ein Flammenbaum (Delonix regia) einen Blickfang.

1980

TONGA

In der parlamentarischen Monarchie Tonga genießt der König, der auf eine lange Ahnenreihe zurückblickt, noch weitgehend den Respekt wie seit Jahrhunderten; er ist weit mehr als nur ein Repräsentant bei zeremoniellen Anlässen.
Auf der Hauptinsel Tongatapu, dort auf dem Areal Ha'amonga 'a Mau'i, zeugt ein ca. 800 Jahre alter Trilithon sowie der Maka Fa'akinanga, ehemals Thron des Königs, von einer langen Kulturgeschichte.

1995

WELT-BILDER

COOK ISLANDS

Die Cookinseln, in der Landessprache Kūki ‚Āirani genannt, sind politisch mit Neuseeland eng verbunden, ethnisch-kulturelle Wurzeln weisen eher nach Samoa.
In einem Cultural Village auf der Hauptinsel Rarotonga bieten Folkloretänzer eine Show für Touristen.

1995

FRANZÖSISCH POLYNESIEN

Der Inselstaat, formell ein Überseegbiet Frankreichs, bietet klingende Namen wie Bora-Bora und Tahiti, aber auch Mururoa, das durch Atomwaffentest bekannt wurde. Die Gesamtfläche des Landes beträgt 4 Mio. km².
Auf Raiatea, südlich von Bora-Bora, befindet sich in der Gemeinde Taputapuatea ein großflächiges Marae, eine einstige Kultstätte; der kleine Altar birgt animistische Symbole.

1995

114

Portraits der Kontinente — 1966 bis 2018

NEUSEELAND

Aotearoa (vermutlich „Das Land der langen weißen Wolke") — von subtropisch mit üppiger Vegetation im Norden bis alpin mit schneebedeckten Bergen und Gletschern im Süden, bietet Neuseeland ein breites Spektrum an Landschaften und, wegen seiner Lage weitab von Kontinenten, außergewöhnlichen Pflanzen und Tieren.
In Rotorua auf der Nordinsel, beim Geothermalfeld Whakarewarewa, gewährt das Maori-Versammlungshaus Te Aranui a Rua Einblicke in die Kultur des Landes.

1980

NEUSEELAND

Der Government Garden und das Fachwerkgebäude des Rotorua Museum / Te Whare Taonga o Te Arawa am Lake Rotorua, dem See in der Caldera eines vor 140.000 Jahren ausgebrochenen Vulkans, sind ein Zeugnis des britischen Einflusses in Neuseeland. Boule-Spiel, auch Bowls genannt, ist eine beliebte Sportart mit tennisballgroßen Kugeln.

1999

WELT-BILDER

NEUSEELAND

Der Tongariro National Park auf der Nordinsel, benannt nach dem aktiven, 1.968 m hohen Vulkan Tongariro, ist der älteste Nationalpark Neuseelands. Freizeitaktivitäten wie Wandern, Radfahren, Bergsteigen, Skifahren und Angeln sind hier beliebt.

1999

NEUSEELAND

Der Franz-Josef-Gletscher (Kā Roimata o Hine Hukatere) in den Südalpen, benannt nach Kaiser Franz Joseph I. von Österreich, ist in seiner Geschichte bereits mehrfach angewachsen und wieder geschrumpft. Er fließt mit einer hohen Geschwindigkeit von ca. einem halben Meter / Tag zu Tal bzw. sein Schmelzwasser über den Waiho River an die 20 km entfernte Westküste der Insel.

1999

Portraits der Kontinente — 1966 bis 2018

RAPA NUI

Die Osterinsel (Isla de Pascua, Chile), weitab anderer Inseln und Kontinente im Südpazifik, einst von Palmenwäldern bedeckt, verfügt nur über eine spärliche, artenarme Vegetation; auch Tierarten gibt es hier nur sehr wenige.
Die Moai, bis zu 10 m hohe Steinstatuen — gezählt wurden 887 Stück — gehörten zu Zeremonialanlagen. Die Anlage Ahu Tahai liegt nahe der Inselhauptstadt Hanga Roa direkt an der Küste.

2000

KIRIBATI

Beidseits des Äquators zwischen Australien und Hawaii, erstreckt sich Kiribati über 4.567 km von West nach Ost und 2.021 km von Nord nach Süd. Fischerei und Kopra-Produktion sind bedeutende Wirtschaftszweige.
Auf der Hauptinsel Tarawa, einem Atoll, erinnert bei Betio eine Kanone am Strand an die Kämpfe zwischen Japan und den USA während des Zweiten Weltkriegs.

1987

WELT-BILDER

HAWAI'I

Eine Kette vulkanischer Inseln, die über einem Hotspot entstanden sind, der heute unter der Insel Hawaii (Big Island) liegt, sind seit 1959 der 50ste Bundesstaat der USA. Über das Midway-Atoll erstreckt sich die Verlängerung der Vulkankette, die Hawaii-Emperor-Kette, größtenteils untermeerisch bis zum Kurilengraben vor der nordost-asiatischen Halbinsel Kamtschatka, von wo aus die Aleuten die Verbindung nach Nordamerika (Alaska) bilden.
Tiki-Statuen im Puʻuhonua O Honaunau National Historical Park an der Küste von Big Island symbolisieren die kulturelle Verbindung Hawaiis zum Polynesischen Kulturraum.

1990

HAWAI'I

Palmen, Strand und Berge — dieses Foto vom Ort Kahakuloa im Nordwesten der Insel Maui zeigt eine typische landschaftliche Szenerie Hawaiʻis. Im Vordergrund die Kirche im Dorf, Kahakuloa Hawaiian Congregational Church.

1998

Portraits der Kontinente — 1966 bis 2018

AMERIKA

ALASKA

Der Alaska Range, eine Gebirgskette im Süden des nördlichsten US-Bundesstaats, erreicht im Berg Denali (Mount McKinley), dem höchsten Berg Nordamerikas, 6.168 m. Die Flusslandschaft, die Vegetation und die hohen Berge im Bild sind eine charakteristische Szene.

1980

KANADA

Totems, Amulette und sonstige Symbole, denen eine Wirkung zugeschrieben wird (ohne dass physikalische Wechselwirkungen feststellbar wären), oder die eine Verbindung zu etwas Spirituellem herstellen oder eine Gruppenzugehörigkeit darstellen, gibt es in allen Kulturkreisen. Das Wort Totem ist von „Ototeman" aus der Sprache der Ojibwe / Anishinabe, amerikanischen Ureinwohnern rund um die Großen Seen, abgeleitet.
In einer Nische des Stanley Parks auf Vancouver Island, British Columbia, wurden Totempfähle mit Tiersymbolen als Reminiszenz an die Ureinwohner aufgestellt.

1981

WELT-BILDER

KANADA

In der Zitadelle von Halifax, Nova Scotia, posieren Soldaten in historischen Uniformen, die an das britische Erbe erinnern.

2001

KANADA

Feldarbeit mit Pferdegespann und Gerät aus früheren Jahrhunderten ist für die großen landwirtschaftlichen Flächen Kanadas eher unüblich; die Arbeit wäre kaum zu schaffen. Manche Mennoniten — der Name geht auf den friesländischen Theologen Menno Simons (1496–1561) zurück —, hier in Montrose, Ontario, halten an einem Lebens- und Arbeitsstil aus dem 18. und 19. Jhdt. fest.

1983

Portraits der Kontinente — 1966 bis 2018

KANADA

Das Griffito an einer Brücke bei Sault Ste. Marie, Ontario, an der Grenze zu Michigan in den USA, „Dies ist Indianerland", reklamiert den Besitzanspruch der Ureinwohner.

2006

KANADA

Die Niagara-Fälle, im kanadischen Ontario sowie im US-Bundesstaat New York gelegen, stürzen in den Horseshoe Falls bei den beiden gleichnamigen Städten Niagara Falls 57 m in die Tiefe.

1989

WELT-BILDER

KANADA

Nahe des Summit Pass am Alaska Highway im Stone Mountain Provincial Park im Norden von British Columbia ist die Begegnung mit Bergschafen nicht ungewöhnlich.

2006

KANADA

Toronto, Hauptstadt der Provinz Ontario und größte Stadt Kanadas am Lake Ontario. Das Rathaus, die City Hall, liegt am Nathan Phillips Square schräg gegenüber dem Alten Rathaus aus dem Jahr 1899.

2006

Portraits der Kontinente — 1966 bis 2018

USA

Wyoming, ein rechteckiger Staat im Übergang von den Great Plains zu den Rocky Moutains und etwa so groß wie Rumänien, ist unter den US-Bundesstaaten der am dünnsten besiedelte. Der Yellowstone-Nationalpark, mit fast 9.000 km² beinahe so groß wie die Insel Zypern, liegt zum größten Teil in Wyoming.
Im Powder River Basin, einem Fördergebiet für Kohle, das sich bis ins benachbarte Montana erstreckt, wecken Cowboys (Kuhjungen, Rinderhirten) mancherorts ein wenig Wildwest-Romantik.

1973

USA

Arizona, ein Wüsten- und Steppenstaat mit dem Grand Canyon im Norden, grenzt im Süden an Mexiko.
Die Ureinwohner, zu denen die Navajo (Diné) zählen, werden, wie überall in den USA, an den Rand der Gesellschaft gedrängt. Eine Navajo-Frau betreibt einen kleinen Souvenirhandel am Straßenrand.

1973

WELT-BILDER

USA

Steinbögen sind im Arches National Park am Colorado River in Utah ein beinahe allgegenwärtiger Anblick; es gibt sie hier zahlreich, und in vielen Formen und Größen. Der fast 20 m hohe Delicate Arch ist das Wahrzeichen Utahs.

1980

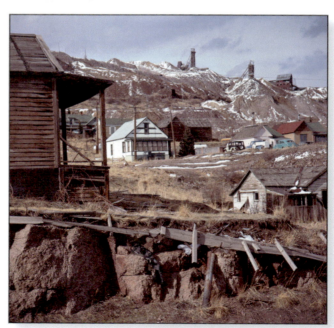

USA

Die Geisterstadt nahe Victor, beim Bergwerk am Cripple Creek in Colorado, ist eine von mehreren Ghost Towns, die während des Goldrauschs oder anderer Anlässe entstanden und in denen alles, was nicht mehr brauchbar schien, einfach zurückgelassen wurde.

1973

Portraits der Kontinente — 1966 bis 2018

USA

New Jersey, an der Grenze zu New York: Die Freiheitsstatue auf Liberty Island, ein Geschenk Frankreichs an die USA, wurde im Jahr 1886 eingeweiht.
Während der McCarthy-Ära, benannt nach dem Senator Joseph McCarthy (* 1908, † 1957), einer Periode antikommunistischer Verschwörungstheorien und Denunziationen, und mehr noch während der zweiten Präsidentschaft von Donald J. Trump (* 1946) ab dem Januar 2025, gerieten die mit der Freiheitsstatue verknüpften Ideale in Bedrängnis.

1980

USA

Ohne viele Worte:
New York City, Manhattan,
Canal Street in China Town,
Hinterhof — kein Idyll.

1980

WELT-BILDER

USA

New York City, Brooklyn Bridge, dahinter links die beiden Türme des World Trade Center (WTC), die am 11. September 2001 zerstört wurden.

1997

USA

Hurricanes, tropische Wirbelstürme, ziehen jährlich über die östlichen USA und die Karibik, richten große Schäden an und zerstören bei Windgeschwindigkeiten manchmal bis weit über 300 km/h oft ganze Orte. In Homestead, einer Stadt im Süden des Siedlungsraums, der sich über 180 km entlang der Ostküste von Florida erstreckt, hat ein solcher Wirbelsturm seine Spuren hinterlassen.

1992

Portraits der Kontinente — 1966 bis 2018

USA

Old Faithful, ein düsenartiger Geysir mit enger Öffnung, ist einer von mehreren Geysiren im Yellowstone National Park im Nordwesten von Wyoming auf 2.240 m Meereshöhe. Er bläst im Abstand von 30 bis 120 Minuten einen Wasserstrahl ca. 30 bis 55 m hoch in die Luft.

1981

USA

Symbole einer Zeit des Aufbruchs: Saturn-Raketen im Kennedy Space Center, Cape Canaveral, Florida.

1992

WELT-BILDER

USA

Erdöl-Förderung ist für die Wirtschaft der USA und weltweit von existentieller Bedeutung.
Bei Lamont in Wyoming arbeitet eine Ölpumpe. Im Bildhintergrund die Ferris Mountains.

1981

USA

Taos Pueblo im Norden von New Mexico, am Rio Pueblo de Taos und ca. 15 km vom Rio Grande entfernt, in direkter Nachbarschaft der Stadt Taos, ist ein indianisches Dorf und die vermutlich älteste durchgängig bewohnte Siedlung in den USA. Die Gebäude werden hier aus Adobe-Lehmziegeln errichtet.

1981

Portraits der Kontinente — 1966 bis 2018

MEXIKO

Teotihuacán, nordöstlich von Mexico City und nahe des Cerro Gordo-Tonantépetl, ist seit 2.500 Jahren besiedelt und war einst wahrscheinlich eine der größten Städte weltweit. Ab der Mitte des 7. Jhdts. n.Chr. schwand ihre Bedeutung.
Die Sonnenpyramide (Pirámide del Sol) 222 m × 225 m groß und 65 m hoch, steht zusammen mit mehreren weiteren Bauten der Azteken in einem großen Areal unmittelbar östlich der heutigen Stadt.

1992

MEXIKO

Danza del Volador, zeremonieller Tanz auf einem ca. 25 m hohen Pfahl, Akrobatik der Olmeken und Totonaken in Mexiko und Guatemala (hier in Mexico City). Der Mann oben auf der Plattform spielt Einhandflöte und Handtrommel.

1992

WELT-BILDER

MEXIKO

Creel, eine Kleinstadt und Pueblo Mágico (wegen ihres typischen und gepflegten Charakters besonders sehenswerte Orte) im gebirgigen Norden des Landes, im Bundesstaat Chihuahua.
Tarahumara-Frau und Kinder in noch immer üblicher Volkstracht.

1973

MEXIKO

Cholula de Rivadavia im Bundesstaat Puebla, Tepanape Pyramide (dem Volumen nach die größte Pyramide der Welt; Ruine). Über der Pyramide wurde die Kirche Iglesia de Nuestra Señora de los Remedios bzw., ab dem Jahr 1594, das Santuario de Nuestra Señora de los Remedios (San Pedro Cholula) errichtet.

1992

Portraits der Kontinente — 1966 bis 2018

GUATEMALA

Tikal im Departamento Petén ist eine antike Stadt der Maya, die in Mittelamerika und auf der Halbinsel Yucatán leben. Ab dem 9. Jhdt. begann der Niedergang ihrer Hochkultur.
Mehrere hohe, schlanke Stufenpyramiden, Stelen und andere Objekte sind in Tikal erhalten; die Maske ist ein Detail an einem der Bauwerke im Parque Nacional Tikal.

1971

GUATEMALA

Kaffee ist das wichtigste Exportgut Guatemalas. Geerntet wird Kaffee oft in Handarbeit, da die Früchte — Kaffeekirschen — an einem Strauch zur selben Zeit unterschiedliche Reifegrade haben.

2002

WELT-BILDER

NICARAGUA

Seit Jahrzehnten von Instabilität, unzureichender Rechtsstaatlichkeit und Korruption geprägt, erscheint das Revolutionsdenkmal in der Hauptstadt Managua als ein passendes Symbol für das Land. Gewaltverherrlichung.

2002

COSTA RICA

Als eines der fortschrittlichsten Länder Lateinamerikas aufgrund frühzeitiger politischer und wirtschaftlicher Anpassungen ist Costa Rica, die „Reiche Küste", seit den 1950er Jahren eine stabile Demokratie und wurde von den Unbilden und Konflikten seiner Nachbarländer verschont. Statt in Militär werden Steuergelder in Bildung investiert. Mehrere Vulkane, Nationalparks und 6 % der weltweiten Artenvielfalt prägen das Land.
Der Poás, 2.708 m hoch, ist mit seinem gut erreichbaren Vulkankrater und türkisblauen Kratersee ein beliebtes Reiseziel.

2002

Portraits der Kontinente — 1966 bis 2018

PANAMA

Einst Teil von Großkolumbien, ist Panama seit dem Jahr 1903 (auf Intervention der USA) unabhängig.
Der Kanal, der nach dem Land benannt ist und eine Kurzstrecke für Schiffe vom Atlantik in den Pazifik (und umgekehrt) bietet, ist 82 km lang und die wichtigste Einnahmequelle des Landes.
Die Gatún-Schleuse bei Colón am Atlantik – eine der fünf Schleusen des Kanals – hebt Schiffe 26 m hoch in den Lago Gatún.

2002

KUBA

Havanna, Propaganda für die immerwährende Revolution, die den selbstgesteckten Zielen nie gerecht wurde und zur Verarmung der Menschen sowie zu ständiger Auswanderung / Flucht insbesondere in die USA (per Boot nach Florida) geführt hat.

2002

WELT-BILDER

DOMINIKANISCHE REPUBLIK

Cayo Lavantado, eine Insel bei der Stadt Samaná an der Südküste der gleichnamigen Halbinsel, weckt Urlaubsträume.

1988

DOMINIKANISCHE REPUBLIK

Die Landschaft rund um Rancho Arriba in der zentral-südlichen Provinz San José de Ocoa entspricht eher nicht dem Klischeebild eines tropischen Urlaubsparadieses.

2002

Portraits der Kontinente — 1966 bis 2018

ANTIGUA UND BARBUDA

Im Norden der Inseln über dem Winde liegen Antigua und Barbuda im Einflussbereich des Nordost-Passatwinds. Wirtschaftlich sind Dienstleistungen, insbesondere der Tourismus, von großer Bedeutung. English Harbour, eine verzweigte und gut geschützte, 1 km lange Bucht im Süden der Insel Antigua, war im 17. und 18. Jhdt. die Basis für strategische Operationen. Die Shirley Hights bieten einen Überblick über die gesamte Bucht.

1988

ANTIGUA UND BARBUDA

Old Road, ein Dorf an der Morris Bay 8 km westlich des English Harbour, bietet weniger spektakuläre, dafür aber authentische Ausblicke auf das Leben im Land. Das Foto ist stellvertretend für andere Inseln der Karibik.

1988

WELT-BILDER

BARBADOS

Samuel Hall Lord (1778-1844) war ein Freibeuter, ein Pirat, ein Seeräuber. Zu Reichtum kam er der Legende nach dadurch, dass er Laternen in den Kokospalmen seines Anwesens in der Gemeinde Saint Philip im Südosten von Barbados aufhängte; vorbeifahrende Schiffe ließen sich dadurch irreleiten und zerschellten an dem vorgelagerten Riff. Sam Lord enterte diese Schiffe, raubte sie aus und nutzte die Beute für die Errichtung seines luxuriösen Hauses, das später in ein Hotel umfunktioniert wurde.

Sam Lord's Castle, so der Name des Hotels, brannte am 20. Oktober 2010 aus; die Ruine ist noch erhalten, die Fassade wieder weiß. Nebenan hat eine Hotelkette einen sehr großzügigen All-Inclusive-Komplex errichtet.

1998

BARBADOS

Einst war der Anbau von Zuckerrohr der bedeutende Wirtschaftsfaktor, heute ist es der Tourismus. Seit dem 30. November 2021 ist Barbados eine Republik, der kulturelle Einfluss Englands ist jedoch geblieben. Cricket ist im Land ein beliebter Sport.

1998

Portraits der Kontinente — 1966 bis 2018

KOLUMBIEN

Kulturell, landschaftlich und mit einer außergewöhnlich hohen Biodiversität, seiner Lage am Karibischen Meer im Norden und Pazifik im Westen, sowie mit den Anden und dem Amazonas-Tiefland, ist Kolumbien ein überaus vielfältiges Land. Politisch ist es seit der Mitte des 20sten Jhdts. von innerstaatlichen Konflikten geprägt.
Am Río Vaupés im Amazons-Tiefland leben Cubeo-Indios; mit Federnschmuck sitzen Männer bei einer Rauchzeremonie im Gespräch.

1976

KOLUMBIEN

Die Macuna sind eine von 102 Volksgruppen in Kolumbien. In Amazonía im Süden des Landes, in einer Siedlung beim Comeyaca-Fluss, sind Mädchen bei der Arbeit an der Zuckerrohr-Presse.

1976

WELT-BILDER

KOLUMBIEN

Bei California im Departamento de Santander im Norden der Kordilleren haben Goldsucher ihre Spuren hinterlassen. Gesteinsmühle in einer Goldmine.

1976

VENEZUELA

Im erdölreichsten Land der Erde leben mehr als 50 % der Menschen in Armut. Ursache ist eine verfehlte Politik, die zu einer fast vollständigen wirtschaftlichen Abhängigkeit vom Erdöl — im Jahr 1957 erreichte Venezuelas BIP einen Wert von etwa der Hälfte des BIP der USA — sowie zu teilweiser internationaler Isolation geführt hat. Bei Cabimas am Lago de Maracaibo im Nordwesten des Landes wurde das Bild einer Erdöl-Pumpe aufgenommen.

1996

Portraits der Kontinente — 1966 bis 2018

TRINIDAD UND TOBAGO

Das Land vor der Ostküste Venezuelas war einst Teil des südamerikanischen Festlands. Neben Erdöl spielen Nahrungsmittel- und Leichtindustrie eine wichtige Rolle und bescheren dem Land eines der höchsten Pro-Kopf-Einkommen ganz Amerikas.
Der Pitch Lake auf Tobago ist ein natürlicher Asphaltsee.

1976

ECUADOR

Ecuador, einst im Reich der Inka und mit einer vielfältigen Bevölkerungsstruktur, ist wirtschaftlich schwach, im Bezug auf Biodiversität jedoch das artenreichste Land der Erde.
Aus Beobachtungen auf den Galapagos-Inseln im Pazifik entwickelte Charles Darwin (1809-1882), maßgeblich inspiriert durch Vorarbeiten des Ornithologen John Gould (1804-1881), die längst bestätigte Theorie von der Entstehung der Arten.
Auf dem Foto der Gedenkstein zum Nationalpark Galapagos, Isla Plaza Sur.
«Visitors are respectfully reminded that the indigenous wildlife of these islands is strictly protected by law»

1994

WELT-BILDER

PERU

Puno, in 3.800 m Höhe am Titicaca-See, ist Heimat der Uro, die hier in kleinen Siedlungen auf schwimmenden Inseln in Schilfhütten leben.

1996

PERU

Machu Picchu, eine Terrassenstadt der Inka, auf 2.430 m Höhe in den Anden vermutlich um das Jahr 1450 errichtet, liegt 75 km nordwestlich der Regionalhauptstadt Cusco (Cuzco).
Das Haupttor wurde, wie viele Bauten der Inka, aus nahtlos aneinandergefügten großen Steinen errichtet.

1996

Portraits der Kontinente — 1966 bis 2018

PERU

Die Nazca-Linien, wahrscheinlich im Zeitraum 800 v.Chr. bis 600 n.Chr. angelegte Geoglyphen (Scharrbilder) mit religiöser/ritueller Bedeutung in der Hochebene nordwestlich der Stadt Nazca, sind aufgrund ihrer Größe nur aus der Luft oder von umliegenden Hügeln aus erkennbar. Oft sind Tiere, manchmal auch abstrakte Objekte dargestellt.
Im Bild oben links die Startbahn eines Flughafens und ein Reisebus.

2010

BOLIVIEN

Huatajata, in 3.839 m Höhe am Titicaca-See.
Szene während eines Dorffestes.

1976

WELT-BILDER

BOLIVIEN

La Paz, Regierungssitz (aber nicht Hauptstadt) von Bolivien, dem neben Paraguay einzigen Binnenstaat Südamerikas. Die Stadt in ca. 3.600 m Höhe hat eine im internationalen Vergleich eher geringe Lebensqualität.
Ciudad Satélite ist ein Ortsteil am südlichen Stadtrand.

1996

BOLIVIEN

Die kleine, ca. 1 km² große Laguna Kollpa, 200 km südlich des riesigen Salar de Uyuni, nahe der Grenze zu Argentinien, dient der Salzgewinnung.

2006

Portraits der Kontinente — 1966 bis 2018

BRASILIEN

Ein Land von geografischer, ethnischer und kultureller Vielfalt sowie sozialen Kontrasten, die einem Kontinent gleichkommen, mag eine Kurzbeschreibung sein.
Rio de Janeiro, die Stadt am südlichen Wendekreis, hat mit dem Zuckerhut (Pão de Açúcar) ein Symbol, das weit über Brasilien hinausstrahlt. Gesehen vom General-Tibúrcio-Platz ist der Blick auf ihn eine ungewöhnliche Perspektive.

1994

BRASILIEN

Favelas („Armenviertel" oder „Elendsviertel") heißen die planlos errichteten Siedlungen an den Berghängen über Rio de Janeiro. Ein Entkommen aus den sozialen Milieus der Favelas ist (mindestens) sehr schwierig.

1995

WELT-BILDER

PARAGUAY

Das Land, größer als der Deutschland, aber mit nur ca. 7 Mio. Einwohnern, ist von Vetternwirtschaft (Nepotismus), Schattenwirtschaft und auch von Organisierter Kriminalität geprägt.
Die Ruinen der Misión Jesuítica de la Santísima Trinidad, einer ehemaligen, im Jahr 1706 gegründeten Jesuitenreduktion im Süden des Landes nahe beim Río Paraná, dem Grenzfluss zu Argentinien, erinnern an die Zeit der Missionierungsversuche. Im Jahr 1767 wurden die Jesuiten vertrieben.

1989

URUGUAY

Uruguay ist eines der stabilsten, demokratischsten und wohlhabendsten Länder Lateinamerikas. Die Hauptstadt Montevideo liegt am Rio de la Plata, dem großen Mündungstrichter der Flüsse Paraná und Uruguay an der Grenze zu Argentinien. Das Monumento a la Carreta, im Parque José Batlle y Ordónez im Süden der Stadt, ist eine Bronzeskulptur eines von Ochsen gezogenen Planwagens. Es ist inspiriert von Gauchos, dem Landleben und dem Gütertransport früherer Zeiten.

1989

Portraits der Kontinente — 1966 bis 2018

ARGENTINIEN

In der kleinen Stadt El Mollar am Dique la Angostura, einem Gebirgssee in der Provinz Tucumán, wurde in den Jahren 1976 bis 1983 auf Anordnung der damaligen Militärdiktatur der Menhir-Park Reserva Arqueológica Menhires del Valle de Tafí eingerichtet, in dem die erst ca. 2.000 Jahre alten Steinstelen ohne Berücksichtigung ihrer geschichtlichen Zusammenhänge aufgestellt sind.

1989

ARGENTINIEN

Iguazú, in der Sprache der indigenen Guaraní „Großes Wasser", ist ein 1.320 km langer Fluss in Brasilien, der bei den Städten Foz do Iguaçu (Brasilien) und Puerto Iguazú (Argentinien) sowie Ciudad del Este (Paraguay) in den Rio Paraná mündet, welcher über den Río Uruguay am Rio de la Plata in den Atlantik fließt.
Die Wasserfälle an der Grenze zu Brasilien sind die größten der Erde; die Staatsgrenze verläuft durch die Fälle, die zum größten Teil in Argentinien liegen.

1989

WELT-BILDER

ARGENTINIEN

Der Talampaya Nationalpark ist eine wüstenhafte Landschaft im Nordwesten Argentiniens mit intakter Flora und Fauna. In der Gesteinsabfolge dieser Landschaft ist die Geschichte der Trias, der ältesten Periode des Erdmittelalters, in einmaliger Weise dokumentiert.
Im Bild die „Kathedrale", imposante Steilwand im Cañon von Talampaya.

2000

CHILE

4.200 km lang und im Mittel 200 km breit ist Chile, ein langer schmaler Schlauch an der Westseite der Anden. Das Land ist das wirtschaftlich, sozial und politisch stabilste und bestentwickelte Südamerikas.
Die Isla Grande de Chiloé, die „Möweninsel", ist die zweitgrößte nach Feuerland. In Castro, der drittältesten Stadt Chiles, sind Pfahlbauten der Fischer, Palafitos, erhalten, von denen viele bei einem Erdbeben und Tsunami im Jahr 1960 zerstört wurden.

2006

Portraits der Kontinente — 1966 bis 2018

CHILE

Mehr als 100 Jahre lang, von 1915 bis 2019, wurde in Chiquicamata in der Atacama-Wüste Kupfer im Tagebau bis zu einer Teufe von etwas mehr als 1 km gefördert. In dem Kupferbergwerk wird seither untertage weitergearbeitet und gefördert.

1989

CHILE

Im Vicente Pérez Rosales Nationalpark im Süden Chiles, zwischen dem Lago Llanquihue und dem Lago Todos los Santos, ragt der Vulkan Osorno 2.652 m in die Höhe. Ca. 50 km weiter südlich, bei der Hafenstadt Puerto Montt, beginnt jener in Fjorde und Inseln zerklüftete Abschnitt der chilenischen Küste, der sich bis Feuerland fortsetzt.

2000

WELT-BILDER

FALKLAND

Streitobjekt zwischen England und Argentinien: die Falkland-Inseln / Islas Malvinas. In Coffins Harbour auf New Island ist der Zugang zu einem Grundstück und Haus mit einem Tor aus Walknochen versehen.

2010

FALKLAND

Das Bootswrack an der Küste von Coffins Harbour auf New Island / Isla de Goicoechea, nordwestlich der Weddell Island / Isla San José, rottet seit Jahren vor sich hin.

2010

Portraits der Kontinente — 1966 bis 2018

POLARGEBIETE
ANTARKTIS
NORDPOL

SOUTH GEORGIA

Die Inselgruppe, britisches Überseegebiet, wird auch von Argentinien beansprucht. Größte Bevölkerungsgruppe sind allerdings Pinguine, die hier bereits seit langer Zeit siedeln.
In der Bucht von Gold Harbour haben Königspinguine mit ihren Küken den Strand besetzt.

2010

SOUTH GEORGIA

Stromness, eine ehemalige Walfangstation (mit Schmalspurbahn), gegründet 1907 und in Betrieb bis 1931, ist heute ein verlassener Ort. Geblieben sind der Friedhof und ein paar Gebäude.

2010

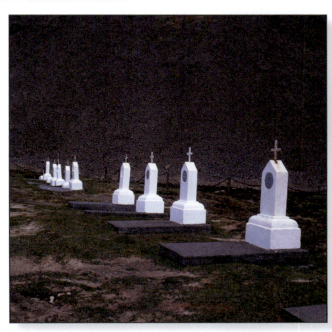

WELT-BILDER

SOUTH SHETLAND

Die Inselgruppe fällt unter den Antarktisvertrag und unterliegt somit keiner staatlichen Souveränität.
Auf Elephant Island erinnert das Luis-Pardo-Denkmal an die Rettung des Polarforschers Ernest Shakleton; die Inschrift auf dem Monument lautet: „Hier rettete am 30. August 1916 das chilenische Marineschiff ‚Yelcho', kommandiert von Luis Pardo Villalon, die 22 Männer der Shackleton-Expedition, die die Zerstörung der ‚Endurance' überlebt hatten und viereinhalb Monate auf dieser Insel lebten."

2010

SOUTH SHETLAND

Deception Island, die ‚Insel der Täuschung', ist eine Vulkaninsel; in die Caldera führt eine schmale Zufahrt.
Im Bild eine ehemalige Walfangstation.

2010

Portraits der Kontinente — 1966 bis 2018

SOUTH SHETLAND

Deception Island ist, auch wegen ihrer vergleichsweise milden Wassertemperaturen — der letzte Vulkanausbruch ereignete sich 1970 — eine der meistbesuchten Inseln in der Antarktis.
Vor der Küste ankert ein Segelschiff.

2010

ANTARKTIS

Der Kontinent Antarktika ist mit 14 Mio. km² weit größer als Australien oder Europa. Port Lockroy auf Wiencke Island, zwischen Anvers Island und der Antarktischen Halbinsel. Bis 1962 war die vorgelagerte Goudier Island im Naturhafen von Port Lockroy Standort einer britischen Forschungsstation, die heute ein Museum ist. Tourismus ist hier streng reglementiert und kontingentiert.

2010

WELT-BILDER

ANTARKTIS

Vor Pléneau Island, 40 km südlich von Port Lockroy im Wilhelm-Archipel, türmen sich Eisberge.

2010

GRÖNLAND

Narsaq auf einer Halbinsel an der zerklüfteten Südwestküste Grönlands, Friseursalon.

1998

Portraits der Kontinente — 1966 bis 2018

GRÖNLAND

Narsarsuaq, gegründet im Jahr 1941 als US-Militärbasis, liegt 80 km vom Ozean entfernt. In der Narsarsuaq-Marina (Bild links) schwimmen auch im Sommer die Eisschollen.
Der nur wenige hundert Meter entfernte Narsarsuaq International Airport, direkt am Ortsrand gelegen, ist der wichtigste Flughafen Südgrönlands.

1998

GRÖNLAND

Nuuk, dänisch Godthåb, ist Hauptstadt und größte Stadt Grönlands.
Der Wohnblock und Spielplatz unterscheiden sich nicht wesentlich von denen in anderen Orten auf der Erde.

1998

WELT-BILDER

GRÖNLAND

Touristen bei der Statue von Hans Egede (1686-1758), norwegischer Missionar und Gründer von Nuuk, auf einer Felskuppe am Südrand der Altstadt von Nuuk; im kleinen Bild die Statue von Hans Egede.

1998

NORDPOLARMEER

Barentssee, unterwegs mit dem russischen Atomeisbrecher „50 Jahre Sieg" (50 лет Победы). Die Reise beginnt in Murmansk (Мурманск) auf der Halbinsel Kola.

2015

Portraits der Kontinente — 1966 bis 2018

NORDPOLARMEER

Am Kap Triest auf Champ Island, Franz-Josef-Land, liegen Geoden (Steinkugeln) nahe des Strands.

2015

NORDPOLARMEER

An der Teplitz-Bucht auf Rudolf Island im Franz-Josef-Land befindet sich eine ehemalige Forschungsstation.

2015

WELT-BILDER

NORDPOLARMEER

Ein Eisbär auf einer Eisfläche, vom Helicopter aus gesehen.

2015

NORDPOLARMEER

Hubschrauberlandung nach einem Rundflug auf dem Atomeisbrecher „50 Jahre Sieg" (50 лет Победы).

2015

Portraits der Kontinente — 1966 bis 2018

NORDPOL

Ballonfahrt an einem herrlichen Sommertag.

2015

NORDPOL

Oben angekommen — 90° Nord

2015

WELT-BILDER

Kalebassen, Senegal

Seerose, Papua, Indonesien

Wollgras, Norwegen

Saguaro, Arizona, USA

Kakaoschote, Grenada

Sandginster, Algerien

Tiere und Pflanzen

Storchennest, Litauen

Prairie Dog (Erdhörnchen), Oklahoma, USA

Chamäleon, Madagaskar

Pillendreher, Botswana

Spinnennetz, Toscana, Italien

Leopard, Namibia

Länderliste Fotoreisen
Erste und letzte Reise

Land	Erste	Letzte
Afghanistan	1967	
Ägypten	1974	2005
Albanien	2006	
Algerien	1976	1985
Amerikanisch Samoa	1980	1995
Andorra	1972	2000
Anguilla	1998	
Antarktis	2010	
Antigua und Barbuda	1988	1998
Argentinien	1976	2010
Armenien	2011	
Aserbaidschan	2011	
Äthiopien	1974	
Australien	1972	2008
Bahamas	1978	
Bahrain	1993	2000
Bangladesch	1985	2013
Barbados	1988	1998
Belarus	1991	
Belgien	1989	2009
Belize	1972	1992
Benin	1986	
Bhutan	2007	2016
Bolivien	1976	2006
Bosnien und Herzegowina	2004	2006
Botswana	1986	
Brasilien	1976	1995
Brunei	1976	2008
Bulgarien	1970	2001
Burkina Faso	1985	1997
Burundi	1986	
Chile	1976	2010
China	1986	2012
Cookinseln	1989	1995
Costa Rica	2002	
Curacao	1976	1996
Dänemark	1990	2002
Deutschland	1969	2015
Dominica	1988	1998
Dominikanische Republik	1973	2002
Ecuador	1975	2010
El Salvador	1974	2002
Elfenbeinküste	1986	
Estland	1991	2007
Eswatini	1986	1990
Fidschi	1980	1995
Finnland	1990	2015
Frankreich	1968	2003
Französisch Polynesien	1990	1995
Gabun	1997	
Gambia	1986	
Georgien	1993	2011
Ghana	1997	
Grenada	1988	1998
Griechenland	1970	2004
Großbritannien siehe UK		
Guadeloupe	1975	1988
Guam	1995	1999
Guatemala	1971	2002
Guinea	1986	
Guinea-Bissau	1986	
Guyana	1976	1996
Haiti	1975	1989
Honduras	1974	2002
Hongkong	1969	2007
Indien	1968	2016
Indonesien	1968	2012
Iran	1968	2005
Irland	1987	1997
Island	1979	1998
Italien	1977	2013
Jamaika	1973	2002
Japan	1970	2006
Jemen	1974	1993
Jordanien	1987	2004
Kambodscha	1968	2016
Kanada	1980	2006
Kap Verde	2008	
Kasachstan	2010	
Katar	1993	2007
Kenia	1986	2001
Kirgistan	2010	
Kiribati	1987	1999
Kolumbien	1976	2010
Komoren	1987	2001
Kongo – Kinshasa / Zaire	1976	1986
Korea, Nord	2012	
Korea, Süd	1994	2007
Kroatien	1966	2006
Kuba	1976	2002
Kuwait	2001	
Laos	1967	2014
Lesotho	1990	
Lettland	1991	2007
Liberia	1986	

Länder- und Gebietsliste der Fotoreisen, mit Jahreszahlen

Land	Jahr 1	Jahr 2
Libyen	1994	
Liechtenstein	1978	2003
Litauen	1991	2007
Luxemburg	1989	2014
Macau	1970	2007
Madagaskar	1987	
Malawi	1986	
Malaysia	1970	2012
Malediven	1985	
Mali	1987	1997
Malta	1987	2003
Marokko	1977	1997
Marshallinseln	1999	
Mauretanien	1986	1997
Mauritius	1972	2001
Mexiko	1973	2002
Mikronesien	1995	1999
Moldova	1996	2001
Mongolei	1996	
Montenegro	1990	2006
Montserrat	1988	
Mosambik	1987	
Myanmar	1976	2005
Namibia	1987	2000
Nauru	1987	1995
Nepal	1967	2013
Neukaledonien	1995	
Neuseeland	1972	1999
Nicaragua	1972	2002
Niederlande	1978	1998
Niger	1975	1985
Nordmazedonien	1990	2006
Nordpol	2015	
Nordzypern	1989	2001
Norwegen	1990	2010
Oman	1993	2001
Österreich	1970	2014
Osttimor / Timor-Leste	2012	
Pakistan	1969	
Palau	1995	
Panama	1974	2002
Papua-Neuguinea	1986	1987
Paraguay	1989	2006
Peru	1976	2010
Philippinen	1980	1999
Polen	1987	2009
Portugal	1975	2008
Puerto Rico	1975	1998
Reunion	1987	2001
Ruanda	1987	
Rumänien	1970	2001
Russland	1969	2015
Salomonen	1987	1995
Sambia	1978	1987
Samoa	1980	1995
San Marino	1993	
São Tomé und Príncipe	1997	
Saudi-Arabien	1974	
Schweden	1990	2004
Schweiz	1975	2003
Senegal	1986	
Serbien	1966	
Seychellen	1986	2001
Sierra Leone	1986	
Simbabwe	1986	1997
Singapur	1975	2012
Slowakei	1986	2009
Slowenien	1993	2009
Spanien	1970	2007
Sri Lanka	1969	2004
St. Kitts und Nevis	1988	
St. Lucia	1988	1998
St. Martin (Insel)	1988	1998
St. Vincent und die Grenadinen	1988	1998
Südafrika	1986	1990
Suriname	1975	1996
Syrien	1984	1994
Tadschikistan	2012	
Taiwan	1969	1995
Tansania	1986	2001
Thailand	1978	2016
Togo	1976	1986
Tonga	1980	1995
Trinidad und Tobago	1978	1998
Tschechien	1985	2014
Tunesien	1978	1994
Türkei	1970	2012
Turkmenistan	2013	
Tuvalu	1987	1999
Uganda	1987	
UK – England	1987	2004
UK – Falkland	2010	
UK – Gibraltar	1977	2003
UK – Guernsey	1993	1996
UK – Jersey	1993	1996
UK – Schottland	1987	1998
UK – Wales	1987	
Ukraine	1992	2006

WELT-BILDER — Länder und Gebiete der Weltreise 1962-1964

Ungarn	1968	2009
Uruguay	1989	2000
USA (Festland)	1972	2001
USA – Alaska	1980	
USA – Hawaii	1979	1998
Usbekistan	1996	2018
Vanuatu	1995	
Vatikanstadt	1987	2002
Venezuela	1976	1996
Vereinigte Arabische Emirate	1993	2007
Vereinigte Staaten von Amerika siehe USA		
Vietnam	1993	2014
Westsahara	1997	
Zentralafrikanische Republik	1986	
Zypern	1989	2001

Länder und Gebiete der Weltreise 1962 bis 1964

Afghanistan	1962
Australien (*Northern Territory, Queensland, New South Wales*)	1963
Belgien	1964
Bermuda	1963
Burma / Myanmar	1962
Costa Rica	1963
Deutschland	1962
El Salvador	1963
England	1964
Frankreich	1964
Gesellschaftsinseln (*Tahiti, Moorea*)	1963
Griechenland	1962
Guatemala	1963
Honduras	1963
Indien	1962
Indonesien (*Sumatra, Java, Bali*)	1963
Jamaika	1963
Jugoslawien (*bis 1992 Föderative Republik, danach 7 Einzelstaaten*)	1962
Kambodscha	1963
Laos	1963
Malaysia	1963
Mexiko	1963
Nepal	1962
Neue Hebriden (*Espiritu Santo, Efate*)	1963
Neukaledonien	1963
Nicaragua	1963
Österreich	1962
Pakistan	1962
Panama	1963
Persien / Iran	1962
Sikkim (*bis 1975 ein eigenständiges Königreich*)	1962
Singapur	1963
Thailand	1963
Türkei	1962
USA (*Florida*)	1963
Vietnam	1963

Länderliste nach Jahreszahlen der Erstreise

Länderliste nach Jahreszahlen der Erstreise
(ohne Reisen 1959-1964)

Kroatien	1966	Panama	1974	Tschechien	1985
Serbien	1966	Saudi-Arabien	1974	Benin	1986
Afghanistan	1967	Ecuador	1975	Botswana	1986
Laos	1967	Guadeloupe	1975	Burundi	1986
Nepal	1967	Haiti	1975	China	1986
Frankreich	1968	Niger	1975	Elfenbeinküste	1986
Indien	1968	Portugal	1975	Eswatini	1986
Indonesien	1968	Puerto Rico	1975	Gambia	1986
Iran	1968	Schweiz	1975	Guinea	1986
Kambodscha	1968	Singapur	1975	Guinea-Bissau	1986
Ungarn	1968	Suriname	1975	Kenia	1986
Deutschland	1969	Algerien	1976	Liberia	1986
Hongkong	1969	Argentinien	1976	Malawi	1986
Pakistan	1969	Bolivien	1976	Mauretanien	1986
Russland	1969	Brasilien	1976	Papua-Neuguinea	1986
Sri Lanka	1969	Brunei	1976	Senegal	1986
Taiwan	1969	Chile	1976	Seychellen	1986
Bulgarien	1970	Curacao	1976	Sierra Leone	1986
Griechenland	1970	Guyana	1976	Simbabwe	1986
Japan	1970	Kolumbien	1976	Slowakei	1986
Macau	1970	Kongo – Kinshasa / Zaire	1976	Südafrika	1986
Malaysia	1970	Kuba	1976	Tansania	1986
Österreich	1970	Myanmar	1976	Zentralafrikanische Republik	1986
Rumänien	1970	Peru	1976	Irland	1987
Spanien	1970	Togo	1976	Jordanien	1987
Türkei	1970	Venezuela	1976	Kiribati	1987
Guatemala	1971	Italien	1977	Komoren	1987
Andorra	1972	Marokko	1977	Madagaskar	1987
Australien	1972	UK – Gibraltar	1977	Mali	1987
Belize	1972	Bahamas	1978	Malta	1987
Mauritius	1972	Liechtenstein	1978	Mosambik	1987
Neuseeland	1972	Niederlande	1978	Namibia	1987
Nicaragua	1972	Sambia	1978	Nauru	1987
USA (Festland)	1972	Thailand	1978	Polen	1987
Dominikanische Republik	1973	Trinidad und Tobago	1978	Reunion	1987
Jamaika	1973	Tunesien	1978	Ruanda	1987
Mexiko	1973	Island	1979	Salomonen	1987
Ägypten	1974	USA – Hawaii	1979	Tuvalu	1987
Äthiopien	1974	Amerikanisch Samoa	1980	Uganda	1987
El Salvador	1974	Fidschi	1980	UK – England	1987
Honduras	1974	Kanada	1980	UK – Schottland	1987
Jemen	1974	Philippinen	1980	UK – Wales	1987
		Samoa	1980	Vatikanstadt	1987
		Tonga	1980	Antigua und Barbuda	1988
		USA – Alaska	1980	Barbados	1988
		Syrien	1984	Dominica	1988
		Bangladesch	1985	Grenada	1988
		Burkina Faso	1985	Montserrat	1988
		Malediven	1985	St. Kitts und Nevis	1988

WELT-BILDER

St. Lucia	1988		Kuwait	2001
St. Martin (Insel)	1988		Costa Rica	2002
St. Vincent und die Grenadinen	1988		Bosnien und Herzegowina	2004
Belgien	1989		Albanien	2006
Cookinseln	1989		Bhutan	2007
Luxemburg	1989		Kap Verde	2008
Nordzypern	1989		Antarktis	2010
Paraguay	1989		Kasachstan	2010
Uruguay	1989		Kirgistan	2010
Zypern	1989		UK – Falkland	2010
Dänemark	1990		Armenien	2011
Finnland	1990		Aserbaidschan	2011
Französisch Polynesien	1990		Korea, Nord	2012
Lesotho	1990		Osttimor / Timor-Leste	2012
Montenegro	1990		Tadschikistan	2012
Nordmazedonien	1990		Turkmenistan	2013
Norwegen	1990		Nordpol	2015
Schweden	1990			
Belarus	1991			
Estland	1991			
Lettland	1991			
Litauen	1991			
Ukraine	1992			
Bahrain	1993			
Georgien	1993			
Katar	1993			
Oman	1993			
San Marino	1993			
Slowenien	1993			
UK – Guernsey	1993			
UK – Jersey	1993			
Vereinigte Arabische Emirate	1993			
Vietnam	1993			
Korea, Süd	1994			
Libyen	1994			
Guam	1995			
Mikronesien	1995			
Neukaledonien	1995			
Palau	1995			
Vanuatu	1995			
Moldova	1996			
Mongolei	1996			
Usbekistan	1996			
Gabun	1997			
Ghana	1997			
São Tomé und Príncipe	1997			
Westsahara	1997			
Anguilla	1998			
Marshallinseln	1999			

Weltkarte

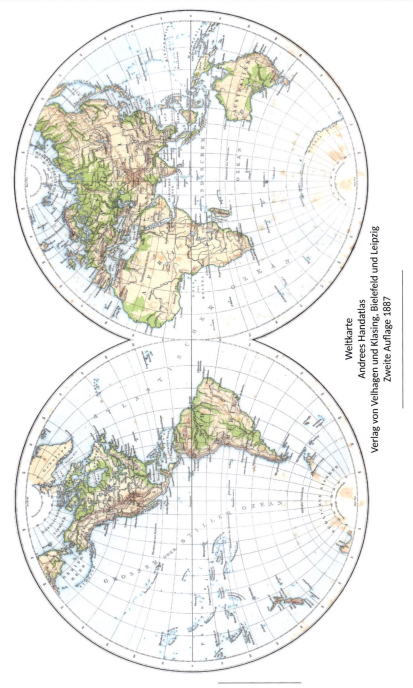

Weltkarte
Andrees Handatlas
Verlag von Velhagen und Klasing, Bielefeld und Leipzig
Zweite Auflage 1887

Index

A

Abessinien 16
Afghanistan 22, 65
Afrika 8, 79
Afrika-Erkundung 1960 16
Ägypten 78
Alaska 119
Albanien 39
Algerien 80, 158
Amerika 119
Amerika (Nord) 11
Amerika (Süd) 12
Antarktis 13, 149, 151
Antigua und Barbuda 135
Argentinien 145
Armenien 71
Aserbaidschan 71
Asien 7, 47
Äthiopien 17, 91
Australien 9, 25, 100, 101

B

Bahrain 74
Bangladesh 60
Barbados 136
Belgien 31
Bhutan 59
Bolivien 12, 141
Bosnien-Hercegovina 39
Botswana 95, 159
Brasilien 143
Brunei 52
Bulgarien 6, 41
Burkina Faso 85
Burma 24

C

Chile 117, 146
China 57
Cook Islands 114
Costa Rica 132

D

Dänemark 30
Deutschland 33, 168
Dominikanische Republik 134

E

Ecuador 139
England 29
Eritrea 17
Estland 45
Europa 6, 27

F

Falkland 148
Fiji 112
Finnland 28
Frankreich 31
Französisch Polynesien 114

G

Gabun 88
Gambia 83
Ghana 86
Grenada 158
Griechenland 41
Grönland 152
Guam 108
Guatemala 131
Guinea-Bissau 84

H

Hawai'i 118
Hongkong 58

I

Indien 23, 62, 168
Indonesien 25, 51, 158
Iran 69
Irland 29
Isla de Pascua 117
Island 28
Italien 37, 159

J

Japan 7, 49
Jemen 76
Jordanien 77

K

Kambodscha 24, 55
Kanada 119
Kasachstan 67
Kenia 18, 92
Kinshasa 89, 90
Kirgistan 67
Kiribati 117
Kolumbien 137
Kongo (Zaire) 89
Korea, Nord 48
Korea, Süd 48
Kroatien 40
Kuba 133
Kuwait 74

L

Laos 25, 56
Lettland 44
Liberia 85
Libyen 79
Litauen 44, 159

M

Madagaskar 98, 159
Malawi 94
Malaysia 53
Malediven 64
Mali 8, 82
Malta 38

Index

Marokko 80
Mauretanien 82
Mauritius 100
Mexiko 14, 26, 129
Mikronesien 108
Mongolei 58
Montenegro 38
Myanmar 24, 57

N

Namibia 96, 159
Nauru 109
Nepal 23, 24, 61
Neue Hebriden 26
Neukaledonien 111
Neuseeland 115
Nicaragua 132
Niederlande 30
Niger 86
Nord-Korea 48
Nordkap 15
Nordkap-Reise 1959 15
Nordpol 149, 154
Norwegen 15, 27, 158

O

Oman 75
Osterinsel 117
Österreich 35
Ozeanien 10, 101

P

Pakistan 22, 65
Palau 107
Panama 133
Papua-Neuguinea 107
Paraguay 144
Persien 22
Peru 140
Pflanzen 158, 159
Philippinen 50
Polargebiete 13, 149
Polarkreis 15

Polen 43
Portugal 35

Rapa Nui 117
Rumänien 42
Russland 46

S

Sambia 94
Samoa 10, 113
São Tomé und Príncipe 87
Saudi-Arabien 76
Schweden 27
Schweiz 34
Senegal 83, 158
Seychellen 99
Sierra Leone 84
Simbabwe 95
Singapur 25, 52
South Georgia 149
South Shetland 13, 150
Spanien 36
Sri Lanka 63
Süd-Korea 48
Südafrika 97
Sudan 16
Syrien 73

T

Tahiti 26
Taiwan 50
Tajikistan 66
Tansania 92
Thailand 24, 54
Tibet 59
Tiere 158, 159
Togo 87
Tonga 113
Trinidad und Tobago 139
Tschechien 43
Tunesien 79

Türkei 22, 72
Turkmenistan 68
Tuvalu 110

U

Uganda 17, 91
Ukraine 45
Ungarn 42
Uruguay 144
USA 11, 123, 158, 159
Usbekistan 68

V

Vanuatu 26, 110
Venezuela 138
Vereinigte Arabische Emirate (VAE) 75
Vereinigte Staaten von Amerika 123
Vietnam 24, 55

W

Westsahara 81
Westsamoa 113

Z

Zaire 89, 90
Zentralafrikanische Republik 88
Zimbabwe 95

Poster
50 x 70 cm

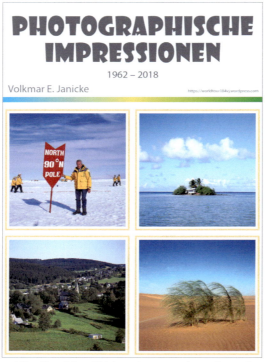

Großplakat

Schöngeising, Lkr. FFB, Jexhof
Fassadenverkleidung; 2015

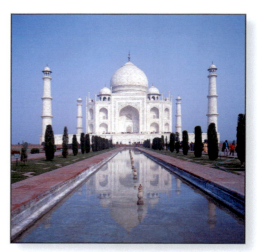

Taj Mahal, Agra, Indien; 2004
(Vorlage für das Großplakat)